J.F.,
bien sous
tous
rapports,
cherche...

Michette Ugo

J.F., bien sous tous rapports, cherche...

ou l'annonce faite à Adam

Tchou

2, rue du Pont-Neuf, Paris 1er

ISBN 2-7107-0141-3

A tous ceux qui m'ont fait confiance et refusé mes moments de découragement :

A Nicole D., ma précieuse conseillère.

A mes enfants.

A Simon, A Génia, Kahnette, Jeanne, Suky, aux rires tests.

Et à Bernard, André, Michel.

Que tous ceux qui ont cru
se reconnaître dans l'une de mes descriptions
se rassurent : il s'agit de leur voisin.

Sommaire

ANNEXE

Préface

C'est décidé, je resterai hors concours.

Il n'est pas question, pour moi, d'accepter le Goncourt ni le Fémina et je serai inflexible en ce qui concerne l'Académie française, ne fut-ce que parce que je suis trop jeune.

En revanche, chers lecteurs, ce qui m'élèverait au rang de bienheureuse, serait d'avoir gagné votre sympathie et votre compréhension.

Je ne suis pas un écrivain, seulement une femme qui a éprouvé un besoin viscéral de transcrire ses expériences et révéler ce que les autres n'osent pas dire. Ce qui les empêche de le faire ? La même fausse pudeur du début du siècle qui faisait qu'on avait honte de confier à quelqu'un qu'on était tuberculeux ou divorcé. Ce qu'il y a de curieux, c'est qu'il soit de bon ton, dans les salons, de lever le voile sur sa sexualité et que, bien souvent, on soit obligé de se défendre contre ceux qui veulent nous faire absorber à tout prix, la littérature pornographique.

Mais de là, avouer qu'on écrème les petites annonces, eh bien non, il y a une limite à ne pas dépasser, tout comme on ne dit pas qu'on a contracté une maladie vénérienne.

Je suis une femme qui, malgré sa haine de la solitude, a choisi de rester seule tant qu'elle n'aura pas trouvé sa vérité. Dans cette vérité, il y a l'homme, mon complément ; j'ai été créée pour l'aimer et je me demande ce qu'il attend pour montrer le bout de son nez.

Introduction

Le premier grand amour de mes vingt ans, celui qu'on n'efface jamais tout à fait de sa mémoire, avait été un éblouissement. Leigh était beau, anglais, juif et trop riche. Après un an de bonheur sans rides, ses parents avaient assassiné Roméo et Juliette, victimes de cette double barrière qu'étaient, surtout il y a vingt-cinq ans, les différences de fortune et de race.

Je n'étais pas morte, comme on le pense toujours à cet âge-là, mais la blessure, qui allait rester vive encore longtemps, avait changé ma vision de la vie. Cet amour-là n'existerait plus — la foudre frappe rarement deux fois au même endroit — et je m'étais demandée par la suite, s'il y en aurait un autre.

Quelques années plus tard, j'avais rencontré celui qui allait devenir mon mari.

Il avait toutes les qualités requises pour faire le bonheur d'une femme, mais encore eût-il fallu qu'elle soit amoureuse. J'avais cru l'être, malgré l'absence d'une donnée essentielle à laquelle je n'avais pas voulu accorder d'importance.

La hantise du divorce de mes parents et le souvenir

si proche d'une enfance dénuée de bonheur, m'avaient incitée à tourner les yeux vers un homme qui veuille réussir sa famille. Hélas, cet objectif, allié à un idéal démesuré et beaucoup d'imagination, avait eu raison de mon aveuglement.

Vingt ans de vie commune, deux merveilleux enfants et la farouche volonté de réussir un mariage qui s'effritait continuellement, n'avaient pas suffi à empêcher le creusement du fossé nommé échec.

Vint un moment où l'abîme menait à l'enfer.

Seuls les masochistes et les faibles sont capables de contempler le résultat d'une destruction mutuelle, de s'y complaire et de l'entretenir. Or, je n'étais ni l'un ni l'autre. Il devait y avoir, pour mon mari et pour moi-même, une autre voie menant au bonheur, permettant de nous réaliser, de nous épanouir.

Dans un élan de survie, j'avais décidé de lutter pour la trouver ; la recherche de la vérité m'apparaissait comme le seul but valable de mon existence.

Avaient alors suivi la séparation, la cassure des habitudes quotidiennes et la solitude meublée de chagrin, de remords aussi et de points d'interrogation. La période de transition avait été terrible mais elle m'avait permis de redevenir moi-même, de voir comment j'avais évolué et où je voulais aller.

Un jour, le tunnel du désespoir avait laissé passer la lumière ; elle allait fidèlement briller tout au long de ma recherche.

Ce rai de lumière s'appelait espoir ; restait à le concrétiser. Il s'appelait « lui » et avait tous les visages et aucun ; il pouvait être tout près de moi ou à des milliers de kilomètres.

Où le trouver et comment le reconnaître ?

Les amis sont presque toujours mariés, *idem* pour les relations, et si vous comptez sur eux pour vous faire rencontrer les solitaires, n'y pensez plus ; on n'invite pas les femmes seules. Les épouses se méfient d'elles, à juste titre d'ailleurs ; elles ont une peur voisine de la panique qu'on leur chipe leur mari et à plus forte raison lorsque leur mariage bat de l'aile ce qui, vous le savez comme moi, est actuellement chose courante.

Alors, où le chercher l'homme du bonheur, celui qui vous tourne le dos mais emprunte cependant la même route que le vôtre ? Dans le métro, aux terrasses des cafés, au wagon-restaurant, au théâtre ou sur la plage de vos vacances ?

Il y a bien peu de chances pour qu'il montre le bout de son nez et se fasse connaître au milieu de la foule quotidienne ; autant de chances, du moins, qu'aurait un acheteur de billets de loterie de gagner le gros lot.

C'est alors qu'un jour, attirée par la photo expressive d'un berger allemand qui ornait la première page d'une revue bien connue, j'ai voulu en savoir davantage sur ces chiens merveilleux. En la feuilletant, l'idée d'exploiter les petites annonces s'est mise à germer. Je maintiens toujours que c'était une bonne idée ; elle m'a permis de mieux connaître les hommes. Ce sont eux que je vous décris, objectivement et dans le désordre, intercalés dans les pages de ce livre au hasard des rencontres.

Je voudrais insister sur le fait que j'aime les hommes, que je ne peux me passer d'eux et ne m'épanouis qu'à leur contact.

Dans ce concentré d'expériences, je les raconte tels qu'ils se sont présentés à moi, je les décris, je ne les accuse pas.

Le fait de tricher n'est pas propre à certains hommes ; j'espère qu'un jour prochain ils raconteront eux-mêmes les déboires qu'ils ont eus au contact de leurs correspondantes.

On me dit souvent que les petites annonces recèlent un ramassis de laissés-pour-compte, de déséquilibrés, de farceurs, et on évoque ma solitude toujours présente : c'est inexact.

Les farceurs ne représentent que le quart des annonceurs. Tous les autres cherchent honnêtement quelque chose ; l'important est d'accorder ses violons et de savoir si l'on prend bien le même train. Quant aux déséquilibrés, c'est là un bien grand mot ; on perd fatalement l'équilibre pour quelque temps après un divorce, une séparation ou un veuvage. Ceux qui dépassent la mesure sont en fait assez rares.

A l'opposé, j'ai rencontré des hommes remarquables et eu le privilège de garder leur amitié ; ceci n'est possible que lorsqu'il manque ce je ne sais quoi qui se superpose à la sympathie et constitue le ferment de l'amour. Dans l'attirance, il y a un mélange de physique et de psychologique dont dépendent nos réactions si imprévisibles ; il est bien rare que les deux facteurs soient présents tels qu'on les voudrait.

Il me reste à vous parler d'un petit lutin que j'ai nommé humour, de son clin d'œil qui est resté présent au cœur des pires difficultés.

Nous ne pouvons nous passer l'un de l'autre ; il est collé à moi comme une deuxième peau.

Vous le verrez s'insinuer malicieusement entre les lignes, user de son influence pour m'éloigner de ceux qui ne l'ont pas aimé.

Voulez-vous que je vous dise ? Il souffre également de solitude ; pour lui faire plaisir, je ne vois qu'une chose : trouver l'homme qui aura, lui aussi, sa petite lutine.

Le dessous des petites annonces

CHAPITRE PREMIER

L'annonce

Je m'appelle Michette : j'ai de grands yeux pers, de longues jambes, je descends du Nord et j'annonce.

J'annonce quoi ? Qu'il y a trop d'hommes mal dans leur peau pour que je reste seule dans la mienne, et que j'ai été créée pour les aimer.

Je leur dis que je suis féminine, tendre, gaie, extravertie, idéaliste, musicienne, racée, avec charme, chaleur humaine, que je suis jeune d'allure et de caractère, et, en citant la quarantaine, je leur laisse le choix du chiffre à ajouter à côté du quatre.

Ça, c'est pour l'offre.

Pour la demande, je leur dis que je les veux, que je les rêve (c'est plus nuancé) intelligents, cultivés, libres, mélomanes, non conformistes, éducation haut niveau, richesse de cœur, tolérance et beaucoup d'humour, et j'insiste sur les relations durables pour écarter les aventuriers.

Vous allez voir qu'à partir de ces données apparemment assez claires, on obtient des résultats étonnants.

Prenez la culture, par exemple. Personnellement, je précise toujours que j'ai une culture de jardin potager, avec des trous que je m'efforce de combler. Mes correspondants, en revanche, se disent tous cultivés. Je suppose que comme tout est relatif, on doit fatalement se sentir plus cultivé que son voisin. Leurs lettres m'ont démontré qu'il y avait Culture et culture.

Et l'humour : personne ne m'a dit en manquer. Le plus souvent, les hommes qui, à mon sens, en étaient dépourvus, ont tenté le saut périlleux pour retomber, inévitablement, à côté.

Mais là encore, pour chacun, l'humour qu'est-ce que c'est ? C'est le mien, le tien, le sien, mais pas nécessairement le nôtre, voilà tout.

Avant de vous emmener avec moi à la chasse au solitaire, j'ai envie de vous poser une question : qu'évoque pour vous le mot « annonce » ?

A présent, demandez autour de vous, à vos voisins, relations, amis, collègues de bureau, ce qu'ils en pensent. Je parie pour deux sortes de réactions. Soit dès que vous aurez posé votre question, une petite flamme érotico-ironique s'allumera dans leurs yeux, soit ils pousseront des hauts cris. A les entendre, il faut être complètement détraqué, harcelé par l'appel du sexe, avide d'aventures de bas étage pour se livrer à cette méthode indigne d'une éducation bourgeoise bien pensante.

Ah, les hypocrites ! Non seulement, ils n'en pensent pas moins, mais ils font partie de ceux qui assurent le pain quotidien des revues et clament que partout on crève de solitude et d'ennui.

Car les petites annonces dites « matrimoniales », on est en train de le réaliser, sont la grande découverte du siècle, moyen par lequel on va enfin pouvoir établir une communication entre tous ces gens qui se côtoient sans s'adresser la parole.

Grâce à elles, on sera plongé dans une série d'aventures qui iront du cocasse aux délices de l'imprévu en passant par la consternation, la déception et les affres de l'angoisse, mais d'où la monotonie sera exclue.

Plus besoin de télévision, de radio, de cinéma, de romans d'aventure ; la variété des situations est garantie et comprise dans les trois cents francs, ou plus, du coût de l'annonce.

Mais attention au virus de l'annonceur qui guette sa proie : plus on voit de gens, plus on a envie d'en voir.

Le danger consiste à prendre goût au changement en devenant l'acteur qui joue en permanence le premier rôle dans ces bouts de films à durée et scénario variables.

Car tout comme il est nécessaire de faire des bouts d'essai pour produire un bon film, il en faut aussi pour réussir sa vie, mais, dans un cas comme dans l'autre, le résultat n'est pas garanti.

Il faut savoir s'arrêter, cependant, de temps à autre pour demeurer réceptif aux signes du destin. Un certain nombre d'annonceurs blasés, véritables toupies prises dans le tourbillon de l'aventure, ont perdu enthousiasme et illusions ; j'espère ne jamais en venir là.

Avec mon premier courrier, je suis entrée en scène ; je ne l'ai pas encore quittée. Une précision cependant : je ne joue pas mes rôles, je les vis, intensément.

Je vous invite à partager certains épisodes de ma vie d'annonceuse.

CHAPITRE II

L'appât

Plantez-vous aux dates de parution de certains périodiques devant les kiosques étalant leur fouillis d'informations tous azimuts et vous reconnaîtrez aisément à leur allure fébrile, tout à l'excitation de l'expectative, les rongés et rongées par la solitude-physique agréable-situation-libres-distingués-cherchant partenaire tendre, etc.

Devant ce besoin de communication devenant de jour en jour plus pressant, certaines revues et journaux se sont rendus à l'évidence. Après avoir dédaigné ce périodique qui, depuis des années, en fait ses choux gras, ils consacrent finalement aux annonces matrimoniales, une part importante de leurs bafouilles.

De ces caractères magiques naîtra l'espoir et commencera la chasse au gibier de cœur ou gibier tout court, c'est selon.

Le soir, un verre à la main, sur fond de musique douce pour créer l'ambiance, aura lieu l'épluchage, puis la mise en chantier des réponses ; elle donnera lieu à un début de communication variable selon les individus, leur culture et leur imagination. Par exemple :

Madame, votre annonce a vivement attiré mon attention et, pensant avoir les qualités que vous citez, je me permets de vous répondre, etc.

Ça, c'est pour le répondeur bien élevé, courtois, mais cela peut aller jusqu'à celui qui écrit :

Salut belle esseulée, j' suis ton pote ! L'avantage c'est que celui-là, comme il n'a rien à cacher, on le salue au passage d'un grand éclat de rire.

Mais soyons francs : pour les solitaires qui poursuivent le même but que le mien, le courrier amorcé par leur annonce représente le fol espoir d'une situation qui va peut-être changer.

Quant aux hommes qui ont reçu une centaine de lettres et vous disent que ça les ennuie profondément de les lire, de découvrir ce qu'il y a à l'intérieur de ces enveloppes-surprise, leur déguisement de la vérité couvre peut-être une certaine pudeur.

Pour ma part, j'ai réalisé que ma boîte aux lettres était devenue une grotte d'Ali-Baba dans laquelle je puisais des pierres qui pouvaient être diamants. Je n'ai jamais pu ouvrir une lettre sans une certaine émotion ; après tout, elle pouvait contenir un message envoyé par celui avec lequel je conjuguerais, un jour, le verbe aimer. Je ne vois pas pourquoi il serait ridicule de le dire : ma vie sera toujours conditionnée par l'homme, il allume mon sourire et m'est source de renouvellement.

Depuis que j'interroge le destin, j'ai reçu un courrier important, fruit de plusieurs annonces. Comme dans l'eau d'une mare où grouille une variété infinie de corpuscules vivants, il représente le tourbillon humain à l'intérieur duquel se débattent ceux qui sont à la recherche de leur équilibre.

Ce que je vous confie a pris naissance dans ces lettres ; celles qui ont touché une corde sensible et sont devenues de douloureux souvenirs ont rejoint mon jardin intime. Ce sont les autres qui feront l'objet de cet ouvrage.

Et puisque vous êtes curieux, sans quoi vous n'auriez pas ouvert ce livre, donnez-moi la chance de vous en dire davantage.

CHAPITRE III

La première lettre : Hector

La première lettre que j'ai reçue, sur six pages d'une écriture serrée, me faisait une brûlante déclaration. C'était un monsieur de soixante-quatorze ans, ou plutôt non, c'était Victor Hugo qui cherchait l'âme sœur du haut de son immeuble du XVIe arrondissement.

De toutes les lettres que j'ai reçues, aucune n'a jamais approché le style de celle-ci. Montant en épingle les qualificatifs cités dans mon annonce et brodant autour de qualités imaginaires, elle me faisait graduellement passer du stade de femme seule à celui d'ardente maîtresse, objet d'une passion dévorante.

C'était d'autant plus surprenant que je n'avais pas encore eu l'honneur de rencontrer ce respectable septuagénaire.

Les retombées de cette lettre vous sont contées au chapitre des expériences ; vous y découvrirez « Hector et le troisième âge ».

Comme d'un premier amour, on se souvient de la première lettre qu'on a reçue et des réactions qu'elle a suscitées. En la lisant, elle me plonge dans le passé d'un retraité.

Au fur et à mesure que je me grise de ses phrases à tête chercheuse, je pénètre dans l'appartement d'Hector ; j'y vois ses deux pianos (une queue et demie), ses potiches chinoises, Ming naturellement, la défense d'éléphant sculptée et empoussiérée et ses souvenirs d'expédition baignant dans une odeur de vieille pipe ; au milieu d'eux, les gros fauteuils rebondis aux fleurs fanées, reposoirs indispensables des carcasses du troisième âge.

Ah ! cette douce monotonie de la retraite sans flambeaux. Je me laisse gagner par sa désespérante quiétude et la prison se referme sur moi. Un monsieur tremblotant, édenté, enrhumé, sirote une tasse de camomille, pendant que j'époussette le tabernacle de ses décorations ; le ronronnement du chat de feu sa femme chérie se mêle aux notes apaisantes d'une sonate pour violoncelle. Au secours, où suis-je ?

Je secoue énergiquement les barreaux de ma cage et me retrouve, oh ! soulagement, dans mon cadre familier.

Vite la lettre suivante et, avec elle, le rajeunissement : il a vingt-six ans, ce cher Jean-Jacques. Le temps de calculer l'écart d'âge avec le correspondant précédent : 74 – 26..., fichtre, deux générations de différence !

En dehors du gribouillis d'un adolescent en quête de maternage, les hommes qui ont répondu à mon appel, ont eu tous les âges intermédiaires.

Le record des soixante-quatorze ans n'a pas été dépassé. Ce sera pour plus tard si Adam ne croise pas ma route avant l'arrivée de l'automne. Je modifierai alors un des termes de mon annonce ; je dirai : « cheveux blancs »...

CHAPITRE IV

La panoplie de la parfaite annonceuse

Lorsque je me suis imaginée à la tête d'un troupeau de prétendants en puissance, la femme que je suis s'est dit qu'il était indispensable de souligner les charmes cités dans l'annonce aux côtés de « féminité et jeunesse d'allure » pour augmenter ses chances de succès.

Que faire alors sinon succomber à l'envie de se parer des atouts de la séduction qui nous est propre ?

C'est ainsi que la course aux petits chiffons vaporeux avait avantageusement complété ma garde-robe dont l'étroite complicité devait, sans nul doute, plonger dans le rêve ceux que j'espérais ranger parmi mes admirateurs.

Le résultat n'a pas toujours été celui que j'escomptais.

Au premier rendez-vous, coulée dans une robe délicieuse froufroutante, au décolleté provoquant, chaussures « petit soir », manteau ravissant, j'avais rencontré un P.-D.G., comme il se doit, qui m'avait avoué son horreur du Paris nocturne ; il ne se sentait bien que dans sa cabane du Loiret, chaussé de ses vieilles bottes, le pull-over troué par les crocs de ses chiens de chasse. Il portait sous sa gabardine un vieux costume de travail puisque, « n'est-ce pas, à visiter des chantiers, on se salit affreusement ».

Et voilà, moi prête à affronter la clientèle du *Fouquet's* et lui en tenue de bistrot des bas quartiers : c'était raté.

Au rendez-vous suivant, la petite robe moulante à faire sortir des orbites les yeux du prétendant le plus myope s'était chiffonnée sous mon manteau durant les deux heures passées sur la banquette d'une salle d'attente de l'aéroport d'Orly ; je suppose que le directeur de vente — locale — petit local, d'une société qui produit de délicieux petits fromages, n'avait sans doute pas de salaire suffisamment élevé pour m'offrir le verre de l'amitié...

Une autre fois, avec le grand sportif qui avait une longue vie tourmentée à me narrer, j'avais sillonné les sentiers sauvages du bois de Vincennes, à son pas, qui s'allongeait à la mesure de son mètre quatre-vingt-dix.

J'en étais ressortie avec une allure de clocharde, le manteau décoré de feuilles et piquants, la boue ayant rendu méconnaissables mes adorables petites sandales style « Mille et une nuits ». Les ampoules qui avaient joyeusement éclaté sous mes pieds meurtris par deux heures de marche, et quelle marche, avaient contribué à rendre ce rendez-vous mémorable.

J'ai remarqué que mon petit lutin prenait souvent un malin plaisir à me souffler à l'oreille les mauvais conseils qui font surgir de tels imprévus.

Par la suite, j'ai repris mon rythme habituel et libéré les impulsions d'une nature fantaisiste, ce qui a parfois donné lieu à des situations comiques.

Par un fait exprès, ceux que j'avais pensé être sensibles à l'élégance venaient souvent en jeans, alors qu'aux rencontres auxquelles on me demandait de me rendre en toute simplicité le grand chic s'opposait à ma tenue décontractée.

Tout cela me mène à dire qu'on ne peut pas plaire à

tout le monde ; il m'a semblé préférable, par la suite, de n'accorder aucune importance aux apparentes désapprobations visuelles et de rester moi-même.

Ce qui différencie nos préoccupations de celles des hommes s'est souvent confirmé : ils sont tellement plus sensibles à ce que couvrent nos petits chiffons... Le saviez-vous ?

CHAPITRE V

Les usines à marier

Il n'y a pas que les annonces, me direz-vous, pour rencontrer l'âme sœur : ah oui, parlons-en ! Et pour commencer, bien sûr, vantons les mérites des agences matrimoniales, l'attrape-nigaud numéro un : Madame X. vous mariera grâce à sa psychologie (et votre crédulité). Dans mes débuts, j'ai laissé une somme rondelette à une marieuse qui tend ses filets rue de Viroli. L'escroquerie était au bout du chèque ; chaque fois que je téléphonais, Madame X. était sur le point de trouver l'homme de ma vie : j'attends toujours ; je n'ai jamais rencontré personne, seulement contribué à l'achat de sa maison de campagne (on a emprisonné des citoyens pour moins que cela). Son baratin, lors de mes visites, était remarquable ; je pense qu'elle serait arrivée à persuader un centenaire de s'inscrire à son agence.

D'autres marieurs font un peu mieux. Au moyen de fiches descriptives, ils sélectionnent de temps à autre quelques à-peu-près, c'est-à-dire qu'ils proposent à une femme mesurant 1,74 mètre un homme faisant 1,63 mètre parce qu'ils ont comme goût commun la course à pied ; en revanche, il se pourra que les tailles et aspects physiques correspondent remarquablement, même si c'est le seul point marquant entre une agrégée de philosophie et le plongeur d'un grand hôtel.

Quant aux partis sur mesure qui vous tiendront en haleine et, par un fait exprès, ne vous répondront jamais, ils sont prévus pour justifier vos paiements.

Dans certaines agences, le grand jour de marché aux corps et aux cœurs se tient le samedi ; la présentation des marchandises a lieu dans des salons feutrés, propices aux confidences, pour peu qu'on soit capable de se prêter à ce petit jeu, chronomètre en main.

Un charmant quadragénaire m'a un jour raconté qu'en l'espace d'une heure et demie, il avait un soir subi l'assaut de six jeunes femmes défilant devant lui comme des mannequins de présentation de mode. Je pense que Charlie Chaplin en aurait fait un gag merveilleux ! Inutile de dire que les grandes séries sont le traitement de faveur réservé aux hommes puisqu'ils sont plus nombreux que nous. En ont-ils de la chance !...

J'ai recueilli les confidences d'une jeune femme qui était venue passer un de ces concours de charme. Elle avait essayé durant ce quart d'heure réglementaire de comprimer sa vie dans une boîte d'allumettes, face au seigneur recevant ses vassales...

Elle en était ressortie, après la distribution des prix, avec un accessit et un moral en berne, pour découvrir qu'à l'extérieur des petits malins attendaient les pauvres candidates pour leur faire oublier les mauvais moments passés.

On vous dira cependant que des centaines de couples heureux le doivent au système des petites fiches puisque les psychologues qui l'ont mis sur pied ne sauraient se tromper. Et moi, je vous dis qu'une publicité bien faite blesse souvent le cœur, cet organe si vulnérable des solitaires.

Mais que dire aussi du scandale des agences qui

ouvrent un bureau en plein cœur de Paris et disparaissent six mois après, emportant avec elles le montant des adhésions de leurs pigeons à marier.

Et celui des partis « bidon » de dernier recours destinés à calmer le client impatient : vous rencontrez un homme charmant, paré de toutes les qualités tant physiques que morales, qui se fait tirer l'oreille pour donner son adresse et vous déclare quelques jours plus tard que vous ne lui convenez pas. Et pour cause, il est lui-même marié et engagé par ladite agence pour vous séduire et parer aux candidats manquants ; ainsi vous ne pourrez pas dire qu'on vous a oublié et vous n'en saurez jamais rien, à moins que votre flair ne vous ait aidée à découvrir cette supercherie, ce qui fut le cas de la veinarde qui me l'a raconté.

Le vrai scandale réside surtout dans le fait qu'on exploite de façon honteuse la détresse des gens hantés par la solitude. Les requins que sont les directeurs de certaines agences matrimoniales savent bien que leurs naïfs clients, une fois abusés, n'oseront pas les poursuivre de peur d'étaler au grand jour leurs problèmes. Les courageux qui ont porté plainte ont vite réalisé qu'ils ajouteraient à leurs ennuis déjà grands celui d'un procès qui risquerait fort de se terminer comme une des fables de La Fontaine : « La loi du plus fort est toujours la meilleure… »

Je terminerai ce tour d'horizon des boîtes à marier en effleurant au passage certaines organisations qui fournissent des listes impressionnantes de contacteurs et contactés. Leur prix modeste de participation est inversement proportionnel aux risques pris dans ce genre d'aventures : mayonnaise dans laquelle tournent naïfs, laissés-pour-compte, aigris, désespérés, déboussolés, escrocs, détraqués mentaux, chercheurs de sensations inédites, avant-gardistes fraîchement sortis des ateliers d'épanouissement sexuel voulant se faire la main…, le tout alimentant un véritable bouillon de culture des maladies vénériennes que vont joyeusement se repasser leurs adhérents.

Loin de se contenter d'une éventuelle rencontre satisfaisante, ils seront pris par le vertige des expériences sans cesse renouvelées et, dans une poursuite démentielle, finiront en satellite.

Un conseil : gardez-vous bien d'aller les rejoindre.

CHAPITRE VI

Les classes sociales

Vous avez sûrement remarqué que dans mon annonce je parlais de niveau social élevé : quel point délicat !

Au temps de mes premières armes, j'avais commis l'imprudence de passer ce détail sous silence ; les lettres, quoique plus nombreuses, avaient été un enseignement. On peut certes échanger agréablement des idées avec tout le monde, mais il est souhaitable de partager le quotidien avec quelqu'un qui, à peu de choses près, a eu la même éducation que la vôtre.

J'ai horreur du snobisme. On parle trop souvent de classes « inférieures » ou « supérieures » ; je préfère dire qu'elles sont différentes, ce qui exclut critique ou mépris, que je désapprouve. J'ai rencontré des gens adorables, intelligents et de grand cœur dont la valeur humaine n'avait aucun rapport avec l'appartenance sociale.

Dites-vous qu'on se rend toujours à un rendez-vous la tête farcie de points d'interrogation : comment sera-t-Il ? que dira-t-Il et de quelle façon ; serons-nous sur la même longueur d'onde, etc.

Il faudrait se fier à sa première réaction ; lorsqu'une personne vous met mal à l'aise par certains détails de son apparence physique, son comportement ou son langage, il ne faudrait pas insister.

Pour quelles raisons ces réactions indépendantes de notre volonté font-elles écran, cela reste encore à définir. Je pense que ces raisons se nomment milieu, éducation, enfance et que leur empreinte est indélébile.

Il n'y a guère de remède car, pour prendre un exemple, s'il peut paraître mesquin d'être agacé par la bruyante mastication de son vis-à-vis, il n'en est pas moins vrai qu'on provoquera chez lui la même réaction en pelant une poire avec fourchette et couteau ; on a tendance à oublier que comme dans un match de ping-pong, les observateurs se renvoient la balle.

Aussi, je ne comprendrai jamais pourquoi les gens s'entêtent à déguiser leur origine. Personnellement, il me serait tout aussi insupportable de devoir m'adapter aux exigences d'une famille de la vieille aristocratie que de tenter de me faire admettre dans un milieu ouvrier.

Les hommes, que je pense plus orgueilleux que leurs compagnes, confondent origine et progression sociale. Un ingénieur, un cadre supérieur s'attribuent toujours une éducation de haut niveau alors que cela n'a vraiment aucun rapport.

La tendance actuelle qui consiste à niveler les couches sociales au sein de la jeune génération arrivera-t-elle à dissiper ces différences ? Je reste sceptique. J'ai moi-même jeté ce défi, à un certain moment, alliant idéal, enthousiasme et optimisme ; j'avoue mon insuccès.

J'ajouterai avoir noté avec mélancolie que certains hommes qui se disent bien élevés, relèguent aujourd'hui au vestiaire l'agrément des manières que leur éducation leur avait inculquées. Mon expérience m'a prouvé que c'est parmi ceux qui ont reçu une éducation n'admettant pas de murmure que le manque d'égards est le plus flagrant.

Quel dommage que nous soyons victimes de cette forme de libération qu'est le rejet de leur enfance.

Ne pourrait-on mélanger les usages dits « vieille France » et ceux de l'an 2000 et en sortir un cocktail qui ferait de nos hommes des êtres délicieux ?

Je suis sûre que si puisqu'il y a encore des hommes délicieux...

CHAPITRE VII

Les pique-assiette-pique-lit

Ils sont nombreux, très nombreux, et il faut déjà avoir atteint un degré avancé d'observation pour les reconnaître.

Cependant, certains signes ne trompent pas :

1° Ils se renseignent discrètement, mais pas assez, pour savoir si vous habitez dans un endroit agréable et si votre appartement est du style douillet ;

2° Ils arrivent toujours les mains vides quand on les invite à dîner ;

3° Dans l'énumération de leurs goûts et inclinations, ils appuient lourdement sur leur péché mignon de gourmandise et, sans qu'on y prenne garde, vous arrachent le renseignement qui les intéresse au plus haut point et leur apprend si vous êtes un cordon bleu ou un « ouvre-boîtes » ;

4° Ils voudront à tout prix vous offrir leur amitié, apprendre à vous connaître et voir avec quel goût délicieux vous avez décoré votre petit nid, ceci, bien sûr, sans une ombre d'ambiguïté.

Le début de ce genre de relations est toujours le même. Pour étourdir la victime, rien n'est trop beau.

Le premier dîner auquel vous serez conviée se déroulera dans un grand restaurant au cadre romantique, aux chandelles, bon vin, bonne table et une apparente générosité qui sera, en fait, un adroit calcul : placement oh ! combien avantageux, si l'on met bout à bout les économies faites en venant, par la suite le plus souvent possible, chez celle qui offrira tout sans compter, à commencer par sa tendresse et ses bras grands ouverts. A force de les avoir trop ouverts, j'en suis venue à dire : « Les bras m'en tombent. »

Ce que beaucoup ne savent pas c'est que nous sommes, nous les annonceuses, les innocentes victimes de cette conjoncture actuelle dont on parle tant qui fait que les hommes rechignent de plus en plus à dépenser de l'argent.

Lorsque la fatigue de l'épouse usée et sans saveur ou sans surprise se faisait sentir, il était d'usage, il n'y a pas si longtemps, dans les milieux bien pensants et bien vivants, de se chercher une exquise maîtresse.

On trouvait sans se donner trop de mal une délicieuse créature prête à échanger ses charmes et, ce à quoi tout le monde pense, contre d'alléchants divertissements, petites gâteries et largesses vestimentaires, ces dernières ayant leur utilité bien définie puisque vous savez que l'habit fait souvent le moine.

Alors, prenez un crayon et un papier et faites avec moi un rapide calcul de ce que coûterait à l'heure actuelle un tel à-côté : théâtre ou cinéma + dîner ou boîte de nuit + hôtel ou location d'une garçonnière + les extras cités = Hé oui ! cela fait réfléchir.

Ils ont réfléchi et, en hommes d'affaires avertis, réglé le problème : plus de maîtresses coûteuses mais... nous, les annonceuses.

Lancement d'une somme de démarrage, puis plus rien. On laisse venir à soi les petites poulettes désemparées. On tient ensuite en laisse, au moyen d'un jeu subtil fait de mensonges adroits, la créature idiote qui ne sait pas encore qu'ils sont mariés. Il se pourra qu'ils avouent un divorce en cours, afin de s'assurer de votre discrétion et éviter le repérage de leur domicile. A vrai dire, ils n'ont aucune intention de se séparer de leur morne épouse qui lave leur linge, le raccommode, prépare leur valise pour le voyage d'affaires ou, sans le savoir, le joyeux week-end passé à vos côtés, s'occupe des enfants, reçoit les relations casse-pieds et souvent assure l'héritage de la belle famille quelquefois à l'origine de leur mariage.

Arrive un jour, à plus ou moins brève échéance, où ils sont mis à nu, si je puis m'exprimer ainsi. Alors ? Alors, re-petites annonces ! Ils passent à la suivante et ce ne sera pas de ma faute si c'est vous.

Pour eux, vous aurez fait le maximum, et plus, soigné la confection de vos bons petits plats agrémentés de vins du meilleur cru, votre petit nid sera fleuri avec... vos fleurs et vous aurez passé au peigne fin tous les magasins de disques pour trouver l'air dont ils raffolent.

Quand je dis qu'ils ne vous donneront rien, je suis injuste. Ils vous donneront la monnaie d'échange la plus valable à leurs yeux : l'assurance de leur virilité, pas toujours concrétisée malheureusement et cette chose précieuse qu'est l'espoir d'un jour partager leur vie.

CHAPITRE VIII

Les « multicartes »

Je vous assure qu'il y a des talents qui se perdent !

Ceux que j'ai appelés les « multicartes » sont nantis d'un don exceptionnel de comédien.

Lorsqu'on les rencontre, ils ont juste le ton qu'il faut pour vous tirer les larmes des yeux et vous faire croire — et l'on y croit — que l'on est celle qui va les délivrer de ce poids infernal de la routine, de celui de l'épouse usée et sans saveur, du tourne-en-rond de l'existence des maris blasés et rongés par l'ennui qui n'ont pas trouvé la main magique pour les sortir de ce guêpier.

Ils emploieront le temps qu'il faut pour vous séduire. Leur cour sera très ornée, mêlée au besoin d'élans passionnés, parfois même de sanglots étouffés (en apparence mal contenus), de récits de leur passé noircis à plaisir, tout cela dans un seul but : celui de vivre des heures sortant de l'ordinaire qui les conduira, si leur jeu a été bon, au plumard bordé de rêve de leur victime. Je dis victime parce que peu de temps après, pour eux, tout est oublié. Dans la fatigue des ébats dits « amoureux », aux creux des draps chiffonnés, ils ont tout laissé : passé, épouse répudiée, passion dévorante. Dans leur peau réoxygénée de directeur général adjoint, puisqu'ils le sont presque tous ou sur le point de l'être, ils ont puisé l'énergie nécessaire au renouvellement de leurs petites expériences.

Comprenez-moi bien : ce ne sont pas uniquement les plaisirs amoureux qui les intéressent, il leur faut le grand jeu. Ce sont de grands chasseurs, mais de gibier de choix et ils le veulent paré de qualités exceptionnelles.

Je suis tentée de les qualifier de sadiques parce qu'ils aiment faire mal. Les natures généreuses, féminines et sentimentales leur procurent un plaisir tout particulier.

Méfiez-vous, les loups rôdent.

CHAPITRE IX

Les inaltérables

Ils sont comme l'encre de Chine : ils ne s'effacent jamais.

On les a connus par le biais des petites annonces, jugés au travers de leur inconstance et lâchés sans remords ni regrets.

Je leur ai trouvé une place dans le dossier réservé aux multicartes, avec une nuance cependant qui les tient à part puisque, comme les périodiques, ils apparaissent régulièrement. Leur minifibre affective les pousse à revoir leur conquête d'un ou deux soirs ; c'est presque une forme de fidélité, dictée sans doute par une certaine paresse à repasser le même disque aux nouvelles postulantes.

On voudrait les oublier, mais eux ne le veulent pas et à l'idée que leur charme n'a laissé aucune trace, orgueil atteint, ils se sentent frustrés.

On a donc régulièrement de leurs nouvelles sous forme d'appels téléphoniques, en apparence désintéressés ; ils s'informent de votre santé, des activités du moment et imperceptiblement en viennent à vous demander si vous êtes toujours seule et dans ce cas si la solitude ne vous pèse pas trop et si, par hasard, ce soir — en général, vers 21 h 30 — lorsque leur soirée est vide ou fichue, vous ne seriez pas heureuse de la combler, eux qui ne pensent qu'à votre bonheur, au plaisir de tous vos instants.

Non, sans blague ! Traduisez plutôt qu'ils ont, ce soir-là, le feu à un endroit précieux de leur personne et que la pression risque de les faire éclater si une main secourable (façon de parler) ne vient rapidement éteindre le volcan de leur virilité.

Pour arriver à leur fin, tout est bon et si vous ne faites pas attention, vous vous laisserez reprendre au piège de leur cour démentielle : vous seule aurez les charmes de la femme adorable à la peau satinée, au port de reine, aux jambes effilées de gazelle (ou de sirène, comme on me l'a dit un jour) et aux yeux dont la profondeur hante leurs rêves. Bref, ils ne peuvent plus se passer de vous.

Si vous cédez, vous passerez un bon moment, certes, mais n'allez pas croire un mot de leurs promesses ; ils n'ont eu besoin de vous que durant ces quelques heures et, le feu éteint, vous oublieront pour quelques semaines.

J'en connais un qui brûle d'amour régulièrement une fois par mois ; je ne le vois jamais, ses propos alimentent mon sourire pour quelques instants et il redisparaît en avalant ses mensonges.

Je suppose que ces « Dom Juan » ont une liste de créatures sélectionnées et qu'en période de pénurie, comme à la pêche miraculeuse des *fancy fair,* ils lancent l'hameçon. Arrangez-vous pour ne pas être le poisson !

Ils sont touchants en définitive, mais de loin.

CHAPITRE X

Le téléphone

Ah ! les coups de fil !

Ces premières minutes magiques qui vous livrent la surprise et que, petit à petit, on dépouille comme le cadeau bien emmitouflé, pour voir ce qu'il contient.

D'abord la voix, qui fait courir l'imagination. Grave, bien timbrée : Il doit être grand et fort, avoir des bras protecteurs ; voix de tête, discrète : c'est sûrement un timide, fluet, réservé ; voix chaude, charmeuse : voilà « Dom Juan » en quête de victimes et il est beau, bien entendu.

Ces pronostics sont très excitants, mais ne correspondent jamais à la réalité ; le rêve dans lequel m'ont plongée certaines voix n'a pas survécu aux rencontres, alors que le peu d'attrait de certaines autres m'a parfois réservé de bonnes surprises.

La durée de ces premiers échanges peut varier de quelques minutes à trois heures, comme cela m'est un jour arrivé.

D'après certains indices, j'ai appris à discerner le type de mes correspondants. Au hasard, cela donne à peu près ceci : l'homme d'affaires, toujours pressé, qui vous parlera en feuilletant son agenda, aura déjà déterminé les heures libres qu'il pourrait vous consacrer et vous accordera rarement plus de 10 minutes de bavardage ; l'artiste, lui, vous appellera à des heures insolites, dirigera d'emblée la conversation sur la voie de l'esthétique et vous donnera rendez-vous au quartier Latin ; l'idéaliste vous parlera avant tout de ce à quoi il aspire en espérant que vous vibrerez intensément à ses propos ; quant à l'aventurier, il ira droit au but en vous demandant quelles sont vos mensurations et l'importance que vous accordez aux expériences sexuelles.

Il est arrivé que mes maladresses contribuent à abolir les chances que j'avais de me faire connaître ; témoin ce bref dialogue que j'ai eu avec Hervé.

Après une présentation très mondaine, une voix charmeuse aux intonations exagérément sirupeuses avait dirigé une enquête à peine discrète se rapportant à mon aspect physique. Les renseignements une fois fournis, elle m'avait alors demandé quel était le type d'homme qui me faisait fuir, question bien gênante lorsqu'on ne sait pas à qui on a affaire à l'autre bout du fil.

Le visage d'un acteur bien connu, image même du repoussoir, avait alors surgi devant moi : type du gros industriel qui cache ses regards obliques sous d'épaisses lunettes, passant sa frustration de sevrage du sein maternel en suçotant à pleines grosses lèvres un éternel cigare et imposant manuellement son charme incontestable à ses secrétaires.

A peine avais-je prononcé son nom orné de quelques qualificatifs, que la voix de mon « Dom Juan », devenue glaciale, me faisait déjà ses adieux au moyen de ses hommages, à peine respectueux !

Une autre fois, le passage de mon fils avait coupé les élans d'un correspondant qui venait de faire son entrée sur les ondes : une assiette lui glissant des doigts, un retentissant mot de Cambronne avait couvert ma voix et semé un trouble bien compréhensible.

Cet imprévu m'avait laissé un arrière-goût de frustration puisque je n'avais pas eu l'occasion de fournir des explications à ce météore.

Même les P.T.T. m'ont joué de mauvais tours, ce en quoi j'ai bien mérité d'être branchée sur le réseau à la pointe du progrès qui est le nôtre depuis peu. Il arrivait fréquemment que la ligne soit coupée au milieu de nos épanchements ; les correspondants dont j'ignorais encore les coordonnées pensaient alors que je mettais un terme à leur verbiage en raccrochant, alors que j'étais tout bonnement victime de la modernisation du réseau téléphonique ; j'ai beaucoup rongé mes ongles durant cette période-là !

Mais puisqu'en suivant les fils, on aboutit, magiquement au seuil des rencontres, je vous y convie dans le prochain chapitre.

Les rencontres

CHAPITRE PREMIER

Les rigolos : Yves

Encore un solitaire qui avait vu l'annonce par hasard. Mais elle ne lui suffisait pas, disait-il, il voulait voir, et tout de suite.

A la réflexion, il se serait bien remarié et me le confiait dans sa lettre de six pages.

Je suis trop jeune physiquement et moralement pour convoler dans le seul but de mettre fin à ma solitude, écrivait-il, *ne me jugez pas mal, comme un techno-crate* (?).

Mon intuition m'a fait répondre à votre annonce. Je suis veuf, âgé de deux fois vingt-deux ans et l'embonpoint ne s'est pas encore emparé de ma personnalité. J'ai un front assez haut, non parce qu'il renferme une intelligence hors du commun, mais en raison d'une calvitie héréditaire.

Je ne suis pas beau, seulement sympathique, distingué et élégant, volontiers rieur.

Sur le plan intellectuel, je dois avouer que j'ai raté mon bac, au grand désespoir de mes parents qui devinaient en moi un petit prodige : on se trompe à tout âge !

J'exerce une profession libérale : je suis décorateur. Ma virilité est intacte et, au risque de vous paraître prétentieux, je pense être très raffiné dans l'accomplissement de l'acte d'amour.

J'ai une profonde aversion pour l'hypocrisie mais porte un jugement très libéral sur les défauts d'autrui. Si nous nous rencontrons et ne ressentons pas un brin d'enthousiasme, nous pourrons nous quitter poliment et je vous assurerai de ma parfaite discrétion.

Il m'avait donné rendez-vous à la terrasse d'un grand café. Je n'avais pas eu de mal à le reconnaître : le front haut, effectivement très dégarni, le costume caramel et la cravate à gros pois annoncés. Il était sur son trente-et-un et répandait sur son passage un parfum bon marché assez écœurant.

Beaucoup de ronds de jambes, le verbe haut et... quel verbe ! Monté sur scène, il joua son rôle jusqu'au bout, et fit la joie des consommateurs alentour en quête de distraction.

Ils virent défiler sa vie et surent, de A jusqu'à Z, comment on fait des fleurs artificielles ; car c'était cela, sa profession libérale.

Mais il n'y avait pas longtemps qu'il « faisait dans les fleurs » ; le métier pour lequel il était fait et qu'il avait dû abandonner pour des raisons de santé était celui de camelot : il l'avait dans la peau.

D'ailleurs, son fils avait suivi ses traces et vendait des souris mécaniques sur les marchés.

Et voilà pourquoi je ne pus placer un mot.

Jamais dans aucune conversation, je n'avais enregistré autant de mots à la minute. Pas un point, pas une virgule, un enchaînement vertigineux dans un débit de moulin à paroles.

Lorsqu'il me posait une question, il y répondait lui-même :

— Aimez-vous les jolies choses ?

Ma bouche à peine ouverte pour répondre :

— Bien sûr que oui, à vous voir si élégante, c'est évident ; d'ailleurs, etc.

Et puis :

— Aimez-vous l'amour ? Ne répondez pas, je serais gêné de vous voir rougir, alors je préfère deviner et je pense que, etc.

Puis :

— Que prendrez-vous ?

— Hé bien...

— Je sais, vous aimez sûrement les alexandras. Garçon, deux alexandras !

Voyant le petit succès qu'il se taillait, il continua sur sa lancée et sortit des blagues plus que douteuses afin d'illustrer son prétendu sens de l'humour.

Après deux heures de martyre, prétextant une invitation à dîner chez des amis, je mis fin à son monologue, du moins j'essayai.

Il me quitta, un sourire optimiste aux lèvres, après m'avoir prouvé, crayon en main, qu'avec 3 000 francs par mois, on pouvait très bien y arriver.

« Voyons, il y a l'appartement que me laisserait ma mère, la voiture qui tient encore le coup, mon cousin Charles qui a une petite pension de famille dans les Charentes, donc les vacances ne coûteraient pas cher, je fais un petit travail en douce, non déclaré, qui mettra du beurre dans les épinards ; j'ai un copain à Rungis, qui me refile de la viande en gros, mon oncle fait mes costumes, ma concierge, etc. »

Je mis deux jours à me défaire du bourdonnement de ses paroles qui emplissait ma tête gonflée comme une cougourde, comme disent les méridionaux.

Je ne le rappelai pas et, heureusement, il n'avait pas mon numéro de téléphone.

Quand j'entends le *Boléro* de Ravel, je pense à lui.

CHAPITRE II

Les bleus : Jean-Claude

De Norvège, il m'a écrit une mini-lettre comme un long cordon, sans une virgule, les phrases se suivant sans l'ombre d'une respiration.

Il dit qu'il est difficile de répondre en présence de tant de qualités et qu'une éducation de petit officier de la marine marchande risque de paraître légère. Mais oui, parfaitement, je suis tombée sur un homme modeste et ne venez pas me dire que ça n'existe pas.

Il raconte qu'il passe les trois quarts de l'année à manœuvrer son bateau, le reste du temps à Paris, qu'il a été assez favorisé par la vie et n'a pas de problèmes.

Nous y voilà, vous aussi : alors pourquoi écrit-il ? C'est ce que je suis venue voir, légitimement cette fois et non par curiosité, un soir mouillé de pluie de début de printemps.

Ayant eu le temps de détailler sa photo, je le reconnais : il est grand, très grand, mince comme une baguette, juste comme je les aime. De près, je remarque que des rides précoces ont marqué son visage de quarante ans ; il paraît, c'est lui qui me le dit, que les mouvements ininterrompus du bateau vieillissent prématurément ceux qui affrontent la mer à longueur d'année. En l'observant, je me dis que ce pourrait être vrai. Il a la peau blanche du terrien qui a passé l'hiver à la ville et j'apprends, oh ! surprise, qu'il ne sait pas nager parce qu'il a horreur de mettre les pieds dans l'eau froide.

Moi qui me faisais l'image du marin du type vieux loup de mer, bronzé, musclé, allant harponner dans les flots de quoi alimenter sa poêle à frire, arpentant le pont par tous les temps... Quelle déception ! Ainsi ce capitaine se cantonnait dans les locaux protégés, à l'abri des coups de vent et de l'eau salée. Etonnant, non ?

N'y tenant plus, je lui pose la question qui me trotte en tête :

— Que cherchez-vous ?

— Moi ? Rien.

— Alors pourquoi êtes-vous là ce soir ?

— Par curiosité : j'ai voulu voir comment étaient les personnes qui passent des annonces !

Je m'attendais à tout sauf à cela.

Alors, il est venu voir, comme au zoo : « Venez voir, Mesdames et Messieurs, le modèle type de l'annonceuse, la femelle en mal de mâle, etc. »

Eh bien ! maintenant il a vu... et il est embêté. Il ajoute que ce n'est pas sans une certaine appréhension qu'il s'est rendu à ce rendez-vous, qu'on lui avait dit qu'il y avait des femmes de mauvaises mœurs (c'est quoi au juste ?) qui sous des apparences respectables profitaient de la bonne foi des répondeurs !

Nous revoilà au zoo : « Vous allez voir, chers spectateurs, comment notre annonceuse s'empare de sa victime pour n'en faire qu'une bouchée !... Pauvre petit ! Tout le monde sait que le pucelage des gars de la Marine, du moussaillon au commandant, serait resté intact s'il n'y avait eu des femmes pour les coincer dans les ruelles des ports ; et on parlerait encore de la vertu des vieux loups de mer, c'est sûr.

Ce que peuvent imaginer ces hommes, en pleine mer, c'est à peine croyable !

Et lui dans tout ça ? Il avait une amie, à terre, qu'il retrouvait de temps en temps — entre deux annonceuses sans doute — et qui, apparemment, lui suffisait (menteur va !) et à laquelle, comme c'est dommage — il n'allait même pas pouvoir faire la description de l'annonceuse type de peur de se faire traiter de tous les noms.

Notez que ce grand capitaine au long cou allait prendre sa retraite des flots dans deux ans et que, du grand Nord, il allait se retrouver dans la peau du Français-moyen-comme-tout-le-monde ; que par conséquent, vous me suivez, j'en suis sûre, il était fort possible que, sans se l'avouer, il ait pensé à appâter la pêche à la compagne de ses vieux jours.

Il ne l'a pas dit, mais je l'ai deviné.

Je l'ai quitté aguerri par mon rassurant vaccin, et... intact, avec en plus, dans les yeux, l'effet de l'heureuse surprise découlant de sa récente découverte. Sans doute élaborait-il déjà dans sa tête un plan démentiel pour attirer dans ses filets les futures petites annonceuses...

CHAPITRE III

Les masochistes : Jacques

J'avais été prise de vertige en déchiffrant les hiéroglyphes couchés sur sa carte. La plupart des lettres étaient ornées de boucles rappelant le *style nouille* et j'imagine que la rédaction d'une lettre devait lui prendre des heures.

Avec peu de mots, il se décrivait à coups d'encensoir, trônant parmi ses nombreuses propriétés et s'attribuant le titre d'auteur-compositeur. Là où on ne comprenait plus du tout c'est qu'il affirmait que c'était son violon d'Ingres.

Il n'était certes pas un littéraire ; pour terminer, il disait : « Croyez, chère inconnue, en mon étoile ! » Jusqu'à présent j'avais toujours cru que chacun avait la sienne ; cette innovation surprenait.

Le long coup de fil que je lui donnai, démentit à coup sûr l'impression d'assurance que ses quelques lignes avaient laissé transparaître. C'était un homme désemparé ayant fait le vide total autour de lui depuis sept ans.

Sa conversation se borna à pleurer sur sa vie passée. Y revenait régulièrement, comme l'objet fixe devant lequel on passe dans les tours de manège, la fiancée qu'il avait perdue à vingt-trois ans.

Que faisait-il à présent ? Il composait des chansons. Où habitait-il et avec qui ? En banlieue, dans une villa, avec son chien et... son passé. Que cherchait-il ? A cinquante ans, tout et rien, sans grand espoir de changement dans son existence.

Il s'avérait que certains grands de la chanson figuraient parmi ses meilleurs amis, mais il ne voyait jamais personne et vivait du souvenir de son long séjour à l'étranger.

Après un accident grave qu'il avait eu il y a fort longtemps, il ne se rappelait plus rien des années qui avaient précédé ; sa jambe droite avait perdu une partie de sa mobilité et, loin de penser à y porter remède au moyen de la rééducation, il se complaisait à maintenir un complexe grossissant avec les années.

Lorsque, à sa demande, nous prîmes rendez-vous, au moment d'en fixer les détails, il s'affola : depuis le temps qu'il ne sortait plus, il n'avait sûrement plus rien à se mettre ; s'il venait à Paris il devait passer chercher de l'argent à la banque (!), consulter les horaires des trains. Il s'inquiéta pour son chien. Sa vie, en somme, semblait conditionnée à celle de ce quadrupède. Je faillis couper court, mais voulus en savoir davantage pour assembler les pièces du puzzle.

Au lieu fixé pour notre rencontre, je vis arriver, longeant les murs, le complexe fait homme.

Il portait sur son visage empâté les traits du faible, du « vas comme j' te pousse » ; intimidé, maladroit, le regard fuyant, il me tendit une main molle. Son faible sourire implorant la sympathie était déjà une plainte.

Et c'est bien ce qu'il fit, tout au long de la soirée : se plaindre. Il le fit en sirotant un apéritif, et au dessert se plaignait toujours, avec délice et gourmandise.

Sa valeur personnelle, qu'il mêlait aux millions de son père, se bornait à une pleurante bonnasserie et un grand talent méconnu. Il avait fait le tour de la médiocrité et s'en régalait.

Il énuméra une longue liste de catastrophes, la tête renversée dans les épaules, pour soupeser une fois de plus le poids de ses épreuves : sa fiancée qu'on avait prétendument fait mourir de faim pour garder la ligne ; l'accident, son coma, sa mauvaise jambe, les vilaines cicatrices d'un doigt, une vieille fracture de cheville, ses pertes de mémoire (pas pour les mauvaises choses), la douleur d'un talent méconnu, etc. Il jongla avec les millions qu'il n'avait plus et ceux de son père qu'il n'aurait certainement pas, une belle-mère passablement intéressée faisant écran et regretta le luxe passé des belles années, ses lévriers de course, son hôtel visité par les grands de ce monde et le climat ensoleillé du Midi.

Lorsqu'il termina ses litanies en se plaignant de son manque de volonté qui était pour lui une véritable calamité, je pris le mors aux dents et lançai mes flèches dans toutes les directions.

Je fis remarquer combien il vivait en dehors des autres et le manque d'intérêt qu'il leur portait, à commencer par son vis-à-vis. Et je l'invitai à aller voir les vrais déshérités qui traînent dans les fonds d'hôpitaux, moyen infaillible pour donner aux problèmes leur vraie mesure.

Mais je secouais un prunier, pas un homme ; présentement il n'en était plus un, s'il l'avait jamais été, et la seule volonté dont il paraissait capable lui servait uniquement à rester obstinément ce qu'il était.

Oui, c'était bien cela : Jacques était heureux d'être malheureux et bien malin celui qui y changerait quelque chose ; bien courageux aussi.

Vous avez vu juste : ce ne serait pas moi...

Il partit rejoindre son chien, son passé et ses nombreux malheurs.

Sur le chemin du retour, un enfant, qui riait aux éclats, me fournit l'antidote contre la morosité.

CHAPITRE IV

Les farceurs : Ernest

Il y a des prénoms qui ne m'inspirent pas ; celui-là ne m'avait jamais inspirée.

« Allô, ici Ernest... » Ernest quoi, on ne saura pas, ou pas tout de suite, mais ce n'est pas important. Je l'écoute avec un sourire naissant au coin des lèvres ; il a un bon gros accent roulant sur des R intermittents comme une locomotive sur des rails mal ajustés. Je m'informe : il vient du Périgord qui l'a vu naître.

Il me dit répondre à tous mes désirs, mes exigences, tant intellectuelles, musicales que sociales.

Très capable, de caractère décidé, il est cadre supérieur dans une importante société dont l'avenir repose sur ses épaules, du moins en grande partie.

Ayant pris rendez-vous, il me demande comment je veux qu'il s'habille (!). Il attache une grande importance à l'élégance, me dit-il, et veut faire honneur à sa « dame ».

Je pars à la rencontre d'Ernest avec l'image d'un homme grand et fort (très sportif, a-t-il dit), à la pointe de la mode et aux gestes empreints de cette assurance dictée par l'habitude du commandement.

Au lieu de rendez-vous, ne voyant personne, j'entre dans un petit café où tout le monde a l'air de se connaître et choisis une table isolée de la terrasse couverte.

Il est en retard, avouant par la suite qu'il m'a d'abord observée un long moment de l'extérieur, avant de se lancer à l'eau.

Son entrée, qui fait tourner toutes les têtes dans sa direction, me replonge au temps des « Branquignols ».

Après avoir loupé une marche et failli passer au travers du carreau de la porte, il reste un moment sur place, hilare, puis avec l'air du gosse qui a fait une bonne farce, se dandinant de gauche à droite, me tend une main molle et humide.

Coulé dans l'amidon, le grand sportif, gringalet du genre à rester plutôt dans les tribunes, paraît relever d'une bonne jaunisse ; costume à carreaux de grande sortie, imbibé d'une eau de Cologne dont l'odeur douceâtre soulève le cœur et, sous le menton, un éléphantesque nœud papillon à gros pois sur lequel est déposée sa tête, tel un œuf de Pâques.

Oui, décidément, cette tête me fait penser à un œuf dur, mais qui n'aurait été cassé que d'un côté seulement ; petits yeux de cochon d'Inde et une belle truffe à la place du nez.

Il rit toujours, s'assied, et son regard se dirige de façon ostentatoire vers la partie doublement rebondie de ma personne ; j'ai compris et attaque sans lui laisser le temps de placer une niaiserie, en lui demandant quel est l'objet de sa recherche. Après un petit rire coquin, le voilà : s'amuser !

Car il a perdu sa femme récemment — il était temps — et tient à faire des connaissances qui lui fourniront les distractions que vingt ans de mariage ne lui ont pas apportées ; il vient de s'échapper de sa cage et vole en direction du septième ciel !

Et voilà, c'est tout simple. Le bla-bla-bla au téléphone, les affinités, c'est le vent qui a servi à le pousser vers cette rencontre.

Il voulait quelqu'un de très bien « car vous comprenez, en disant que j'étais cadre supérieur, j'ai un peu menti : je suis P.-D.G. ! »

Cette révélation a pour effet de faire passer le Pernod que je sirotais dans le mauvais tuyau, incident qui vient à point pour couvrir le fou rire qui me gagne. Voyons, avec un zéro à l'annotation pour l'allure, la culture, l'éducation et l'intelligence, que peut-on bien diriger ? D'ailleurs, il est incapable de le dire, s'embrouille dans ses mensonges, voit que ça ne prend pas, renverse le cendrier, ramasse les mégots, pour un peu nettoierait la table avec son mouchoir qu'il a sorti de sa pochette pour s'essuyer les doigts, ce qui noircit, évidemment, le revers de son beau costume.

Il est temps que j'abrège cet entretien burlesque qui a assez duré ; après en avoir usé le côté humoristique, il manque d'intérêt. Je pars, prétextant une invitation à dîner.

Un seul regret : celui de ne pouvoir assister à son deuxième essai. Il a rendez-vous, le lendemain, avec l'ex-femme d'un médecin...

CHAPITRE V

Les désespérés : Guy

Ils sont, je vous l'ai dit, désespérés et, de plus, non récupérables.

Déjà, en formant mon numéro, Guy, victime d'un terrible complexe d'infériorité qui l'avait rongé sa vie entière, cherchait des excuses à tous ses agissements : il téléphonait trop tard, me dérangeait, sa voix était éraillée parce qu'il n'avait pas dormi la nuit dernière, il se faisait mal comprendre parce que d'abord personne ne l'avait jamais compris et qu'ensuite il avait peur qu'on ne le comprenne pas, etc. ; suivait alors une litanie de compliments qui, graduellement, me hissait au rang des êtres exceptionnels, bientôt de la sainteté et pour conclure, il me faisait savoir qu'il était hors de question qu'il puisse me plaire. Alors quoi ?

D'abord, il m'appelait pour rompre l'affreux isolement qui le déchirait depuis de nombreuses années et m'offrait ensuite ses encouragements, sa compréhension, à seule fin de récompenser la charité dont je ferais preuve en l'écoutant…

C'était mal parti et peu encourageant, mais j'ai

voulu comprendre et le rencontrer, mettre un visage sur cette voix dévitalisée.

Ce que j'ai vu dépassait de loin ce que mes oreilles, mes sens, avaient perçu : un personnage à la Jérôme Bosch, rongé par les complexes, le pessimisme, le masochisme, édenté, d'une maigreur cauchemardesque, les ongles longs et en deuil, le cheveu gras et rare, aux yeux frisant la démence, à la silhouette courbée par les excuses répétées, à la démarche glissante, furtive, visant à passer inaperçu, continuellement en quête de l'inaccessible. Son débit irrégulier entrecoupé d'hésitations et de regrets me fait penser à l'eau sortant d'une pompe. Il parle de tous ses échecs, de ceux qui ne le comprennent pas, ne l'aiment pas, de la pauvreté des gens qui l'entourent, de sa mauvaise santé, de ses mauvaises dents, de son mauvais sommeil, de tous les maux de la terre qui se sont concentrés sur lui, et de l'épreuve quotidienne qu'est pour lui la pratique du lit en solitaire.

En prenant son verre, il m'effleure la main et s'excuse de son... indécence non intentionnée et je vois, en un éclair, dans ses yeux, tous ses phantasmes ; à la limite, c'est un viol muet, immobile ; on sent qu'il s'est offert depuis longtemps la punition quotidienne de l'élan réprimé, des mots avalés et, qu'à force de refuser la vie, il a atteint les portes de la mort.

Autour de lui flotte une vague odeur médicamenteuse qui me rappelle celle de l'éther ; s'y mélange un relent de vieille pipe trouvant son chemin entre ses quelques dents. De plus, il me parle de barbituriques et je réalise sans peine que ces poisons s'ajoutent à son autodestruction.

Je ressortirai de cette entrevue le moral en berne, impuissante à apporter remède à un tel délabrement.

Je lui ai dit : mangez, dormez, aimez, cherchez la chaleur du soleil, des êtres vivants ; pauvres mots face à cette montagne de détresse. Si seulement ils avaient pu servir à quelque chose, ce qui était bien improbable. Il ne pouvait y avoir pour lui qu'une seule issue : la renaissance, le transfert dans une autre vie ; la sienne, arrivée à terme, était usée.

CHAPITRE VI

Les psychanalystes : Hubert

Je ne vous parlerai que brièvement de Hubert car, rien que d'y penser, je sens un cafard noir qui m'attrape par les pieds.

Il avait commencé par me dire qu'il était tombé sur mon annonce par hasard en parcourant une revue dans un tout autre but. Ce n'était pas digne d'un homme habitué à décortiquer ce qu'il y a dans le cerveau des gens ; ce cliché banal, je le retrouve dans 50 pour cent de mon courrier.

Il avait une belle situation et un bel appartement, ce qui suppose qu'il psychanalysait efficacement. Il avait aussi une écriture épouvantable qui aurait fait les délices de ses confrères, et, dans sa lettre, pas grand-chose à dire, à part les longues voluptés qu'il désirait partager.

Un bref coup de téléphone m'assura que nous avions bien des points communs et le désir de nous rencontrer pour en savoir plus sur nos personnalités respectives.

Passant par Paris, comme dans la chanson, je

montai les vieux escaliers d'un immeuble ancien admirablement restauré et arrivai, à bout de souffle, au cinquième étage. Hubert me reçut avec une courtoisie toute professionnelle, me fit asseoir, m'offrit un verre et... m'écouta. J'avais rarement vu visage plus grave et plus triste ; un pli sinistre lui barrait le front, il semblait présenter en permanence ses condoléances.

Je tentai de renverser les rôles en aiguillant la conversation sur sa vie privée pour le faire parler, mais en vain ; aux efforts que je fis, il opposa le mutisme le plus complet.

Tout en lui écoutait ; le bout de ses longues jambes entrecroisées était agité d'un mouvement de balancier qui me fascinait ; peut-être, sans y prendre garde, me serais-je endormie au milieu d'une phrase. Un regard « incillable » m'observait ; j'étais épluchée, déshabillée, jugée peut-être. Un embryon de voix glaciale faisait hum... hum... de temps à autre : c'était une consultation.

Le fait est que rien ne passa entre nous, pas le moindre courant susceptible d'établir la communication ; nos deux personnalités se court-circuitaient.

A un certain moment, je parvins tout de même à coup de charme à lui tirer quelques phrases, quelques récits très brefs narrés d'une voix d'outre-tombe ; il y mettait manifestement de la mauvaise volonté.

Je me fixai une limite : si dans la demi-heure qui suivait, il n'avait pas souri et monté d'un cran la chaleur ambiante, je prendrais la clef des champs. Quand la vieille horloge sonna huit coups, le dégel n'avait pas eu lieu.

Je n'étais visiblement pas son type pour le partage des voluptés et, comme il n'était pas le mien non plus, je me levai pour mettre fin à cette pseudo-consultation.

Je ne compris pas pourquoi il eut l'air surpris, peut-être même déçu ; se pourrait-il qu'à force de chercher à résoudre les problèmes des autres, les psychanalystes perdent le contact avec eux-mêmes ?

En sortant, je faillis instinctivement sortir mon portefeuille !

CHAPITRE VII

Les silencieux : Charles

Dans sa lettre, Charles disait bien qu'il avait été frappé de voir à quel point nos goûts étaient similaires mais il préférait en parler de vive voix ; il avait horreur des descriptions épistolaires et, pour me rassurer, m'affirmait que sa présentation était excellente, comme sa bonne éducation.

C'était vrai. Je me souviens encore avoir été frappée par la fière allure de cet homme de quarante-cinq ans. Grand, racé, les traits réguliers avec de très beaux yeux et un demi-sourire au coin des lèvres, il m'avait donné une impression de puissance et d'équilibre. Il parut cependant quelque peu intimidé lorsque, venant vers lui, à l'endroit où nous nous étions donnés rendez-vous, il reconnut ma silhouette.

Pas un mot de bienvenue, le sourire un peu plus large, c'est tout.

A la terrasse d'un café, nous choisîmes une table isolée. Charles s'assit et enleva ses gants ; c'est alors que je vis ses mains.

Je suis très sensible à l'apparence des mains et à leur langage. Celles-ci déparaient leur propriétaire : elles étaient énormes, plates surtout, inexpressives et sans vie. S'il est possible que des mains incarnent la bêtise, c'était le cas ; en les regardant, c'est à cela que j'avais pensé.

Remise de ma surprise, je lançai quelques mots destinés à ouvrir le dialogue. Mais, de l'autre côté de la table, rien ne vint. Charles me regardait avec un air heureux et absolument vide.

Décontenancée, je lui posai quelques questions :

— Avez-vous été marié ?

— Oui. (Pas de commentaires.)

— Heu... avez-vous des enfants ?

— Oui.

— Deux ?

— Non.

— Trois ?

— Oui.

— Des garçons ?

— Non.

— Des filles ?

— Non.(!)

Il fallut cinq autres minutes pour établir qu'il y avait deux garçons et une fille, un peu plus longtemps pour connaître leur âge.

Même travail pour déterminer quelles étaient ses occupations, ses goûts.

Lorsque parlant musique, j'en fus à énumérer les compositeurs pour savoir si, parmi eux, il en choisirait un, je réalisai que je m'embêtais franchement.

Il continuait en s'en tenir aux oui et non, ou oh, oui !, oh, non ! et toujours ce sourire désarmant et l'air parfaitement heureux.

Je tentai alors une expérience : je n'allais plus dire un mot et attendre pour voir ce qui se passerait. Ça n'a l'air de rien, mais essayez donc et vous verrez comme c'est difficile à mettre en pratique.

Au début, pour couvrir un certain embarras, on est tenté de rompre le silence ; ensuite, un rire intérieur vous gagne et tente de faire surface : c'est le plus éprouvant. Il y a bien les joues qu'on mord, mais cela ne peut faire qu'un temps.

C'est là que l'imagination est d'un grand secours.

Je me transportai visuellement de l'autre côté de la vitre et me forçai à détailler les gens qui défilaient sur le trottoir.

Pour qu'il n'y ait aucun vide, je fis mentalement des commentaires sur tout ce que je voyais : « Elle a un chemisier rouge à carreaux avec une jupe orange, ce n'est pas très heureux ; avec son parapluie elle va éborgner le monsieur qui court en sens inverse ; oh ! les beaux cheveux frisés de cette... ah ! non, c'est un beau gars ; tiens ce chien sans queue veut faire pipi sur le kiosque à journaux, est-ce que son propriétaire va le laisser faire ? oui ? non ? C'est oui. Est-ce qu'il pleut encore ? Un parapluie ouvert, deux parapluies ouverts, un fermé : non, la pluie a cessé de tomber, etc. »

Je tins le coup un bon quart d'heure et je vous prie de croire que c'est long.

Charles n'avait pas bougé, ses mains non plus ; il n'avait pas articulé un mot et mon verre était vide.

Je fis celle qui n'avait pas l'heure et la lui demandai : « Six heures et quart » fut le premier long mot qu'il prononça : ce fut aussi le seul.

Prétextant un rendez-vous, je le laissai s'enfoncer dans son silence et rejoignis la foule dense des sorties de bureau.

Je me demande si Charles n'aurait pas eu plus de succès en allant faire un tour à l'Institut des sourds-muets.

Les benjamins

CHAPITRE PREMIER

Mes benjamins

Ils m'ont écrit, ces hommes tout neufs et dans l'élan de leurs jeunes années tout empreintes d'enthousiasme, ils ont su traduire, avec beaucoup de poésie, ces sentiments encore confus qui cherchent à se canaliser.

Ce qui m'a le plus touchée c'est, sans doute, cet accent de sincérité, parfois cette maladresse de chien fou qui veut tout donner mais avoue qu'il a besoin de beaucoup prendre.

Ces hommes qui sont encore au printemps de leur vie me touchent dans la mesure où ils ne trichent pas et recherchent honnêtement la vérité de toutes choses. Pour avancer plus vite, ils ont la sagesse d'écouter ceux qui ont usé leurs ongles à force de gratter le vernis qui empêche la lumière de passer.

Et ils ont un profond respect, voire même de l'admiration, pour la femme mûrie par la maternité et l'expérience.

Mon étonnement a toujours été grand à les entendre dire que le corps de la femme de la quarantaine exhale plus de charme et de séduction que celui de nos benjamines.

Je reçois cet hommage, en toute féminité, avec la révérence qui convient.

J'aurais voulu pouvoir répondre à leur appel et allumer un feu de joie au milieu de mon début de sagesse.

Je n'ai pas pu ; j'ai besoin, moi aussi, pour me soutenir, d'une épaule solide qui a beaucoup porté et d'un cœur qui a connu stérilité et souffrance et cherche une oasis.

Les épreuves et l'expérience apportent, à ceux qui ont su voir au-delà, cette sérénité, cette possibilité d'apprécier le moment présent, les parcelles de bonheur jetées par-ci, par-là, alors qu'à vingt, trente ans on veut tout à la fois, en pleine jouissance.

Si je reproduis ici une partie de leurs lettres, c'est parce que je les ai aimées ; j'ai aimé cette tendresse et surtout cette gratuité, ce qui est beaucoup plus rare, et cet espoir aussi.

Vous pensez, peut-être, qu'ils recherchaient essentiellement le plaisir ? Non, mais une expérience enrichissante dont le destin en fixerait lui-même la durée dans le temps.

Il m'a manqué, pour les rejoindre, des années... en moins. Qu'il leur suffise de savoir que je les ai aimés, dans le jardin de mon imagination, le temps d'un retour en arrière et qu'au milieu des fleurs, avec eux, j'ai refait le monde.

CHAPITRE II

Michel

Parmi les heureux souvenirs des cas impossibles, celui dans lequel je me plonge avec le plus de plaisir se rapporte à Michel.

J'avais été attirée, je ne sais pourquoi, par son petit mot qui ne disait pas grand-chose mais me demandait avec beaucoup de galanterie de venir à sa rencontre.

Nous avions bavardé un long moment au téléphone ; j'avais aimé sa voix, la façon dont il s'exprimait et la chaleur qui émanait de ses propos. Mais il avait trente ans et moi des idées bien arrêtées en ce qui concerne les trop grandes différences d'âge.

Il m'avait demandé si j'accepterais, néanmoins, de venir prendre un verre, en toute amitié, en vue d'échanger des idées. Après quelques hésitations, j'avais accepté, pensant que ce serait l'occasion toute trouvée pour tenter de comprendre les raisons qui poussent les hommes en pleine jeunesse à rechercher la compagnie des femmes de mon âge.

La vie réserve parfois des surprises et si les détails de notre entrevue restent gravés dans ma mémoire, c'est qu'ils m'avaient menée à l'imprévisible.

Au moment d'entrer dans l'établissement où nous devions nous rencontrer, j'avoue — au risque de paraître ridicule — que je me sentis intimidée, alourdie par ces années supplémentaires.

Me rappelant sa description, je cherchai des yeux sa silhouette, puis reconnus sans mal son visage barbu. Mon Dieu, qu'il était jeune !

Il m'attendait, les sourcils légèrement froncés et, dans les yeux, une pointe d'anxiété à peine perceptible. Avec la lenteur de celui qui s'interroge, pensant me reconnaître, il se leva alors pour m'accueillir.

Ce corps d'allure statuesque, majestueux et les traits du visage taillé au couteau me rappelèrent les sculptures de Michel-Ange et je regrettai de n'être pas cinéaste ; je lui aurais volontiers confié le rôle du Christ.

D'ailleurs, il était juif, en avait l'intelligence et la sensibilité poussée à l'extrême ; il avait aussi plus de trente ans de par sa maturité, ses réactions et ses connaissances.

Deux heures passées à brasser les idées les plus diverses et résumer nos vies respectives passèrent vite, trop vite comme je venais de le réaliser.

La générosité de cœur, la courtoisie et la gentillesse de Michel me poussèrent alors à accepter de poursuivre cette soirée initialement limitée à un bavardage-apéritif.

Notre dîner fut des plus joyeux. Au fur et à mesure que les aiguilles tournaient, je m'allégeais de quelques années ; l'homme qui me faisait face n'avait plus d'âge, je me sentais bien avec lui et sa chaleur me gagnait.

Au cours de ce délicieux tête à tête, mon imagination voyagea ; j'avais à nouveau vingt ans ; les yeux de mon interlocuteur, expressifs, révélaient une nature passionnée ; le courant avait passé et nous vivions la vraie rencontre qui suit les premiers balbutiements du face à face.

Je me sentis bien ; une pointe de bonheur fit son

apparition et j'eus envie de lever la barrière de mon jardin privé pour le laisser entrer. Je me surpris même à sourire avec plus d'intention que je ne l'eusse voulu.

A cet instant précis et simultanément, le regard soutenu d'un voisin de table nous observant tour à tour, mit fin à ce voyage au pays du rêve, me ramenant à la réalité.

Du coup, je parlai des difficultés que soulevait la différence d'âge et des détails que nul ne pouvait ignorer. Il me paraissait impossible que l'attirance d'une femme de la quarantaine puisse se mesurer avec celle de nos cadettes.

Ô femmes des années vingt, tendez l'oreille : il paraît que si ! Les années nous auraient apporté le charme de la maturité, des courbes plus émouvantes, plus de grâce dans nos mouvements et de chaleur dans notre sourire que lorsque fleurissait notre printemps ; douce compensation, source de sérénité.

J'avoue qu'il est plaisant, à l'occasion, de se l'entendre dire.

Je me fis cependant l'avocat du diable et franchis dix années d'un coup pour sonder ses réactions. Ce fut là que je touchai du doigt ce qui, principalement, nous différenciait.

Pour lui, partager la vie d'une femme de mon âge, pouvait être une expérience enrichissante que n'effleurerait pas l'angoisse du temps qui passe ; il en avait déjà goûté les charmes et se sentait prêt à recommencer.

Pour moi, cela signifiait vivre un bonheur fragile dans l'inquiétude, en repoussant farouchement et sans relâche les marques du temps. Le feu d'artifice éteint, l'empreinte du sceau de l'automne aurait durement marqué mes épaules et je rejoindrais à nouveau solitude et souvenirs. Quelle folie !

Michel comprit. Il m'offrit son amitié et nous partîmes boire le dernier verre des petites heures du matin dans un bistrot dans le vent plein de gaieté où se mélangent étudiants, amoureux et provinciaux venus goûter du Paris nocturne.

Je dus faire appel à toute ma volonté, je l'avoue, pour ne pas succomber à la tentation de vivre le moment présent et suivre mes élans ; sa présence à mes côtés me rendit la tâche difficile.

Il se noya dans la nuit, cheveux au vent, et je décelai dans ses yeux, lorsqu'il me quitta, une pointe de regret mêlée de nostalgie. Adieu chimère…

Rentrée chez moi, je déballai le merveilleux cadeau de Michel : l'hommage de cet homme jeune et séduisant qui avait su faire abstraction du temps pour glorifier, de la femme, sa maturité.

Et malgré ce nuage chargé de tristesse, je ramassai, sourire aux lèvres, cette parcelle de bonheur tombée à mes pieds. Elle est devenue fleur dans mon jardin ; le temps ne l'a pas fânée…

Les rencontres avortées

CHAPITRE PREMIER

Rendez-vous sauce piquante

Je vais vous confier un secret : il y a de par le monde un légionnaire qui écrit un livre dans le genre du mien, du moins je le suppose, et j'ai failli le rencontrer.

Une lettre m'était parvenue dont l'auteur mettait en doutes mes caractéristiques et intentions et, ce, dans un style à la limite de la courtoisie.

Elle m'avait piquée au vif et j'avais abreuvé la boîte postale de ce saint Thomas, puisqu'il ne me donnait pas d'autre adresse, de propos qui ne pouvaient laisser aucun doute sur mes intentions contestées.

Un coup de fil m'avait appris, quelques jours plus tard, que j'avais affaire à un piquant légionnaire ; nanti d'une superbe voix de basse et d'un charme oratoire certain, il devait sûrement, comme l'a si bien dit qui vous savez, sentir bon le sable chaud.

Mais que diable me voulait-il ?

C'est ce que je lui demandai, m'étonnant de sa démarche si peu dans les us des pensionnaires de la Légion. C'était simple : il tenait à vérifier si les dires du petit peuple des annonceurs correspondaient bien au portrait qu'ils faisaient d'eux-mêmes. Il était passionné de psychologie, curieux de nature et se trouvait être de passage à Paris pour quelque temps.

Il me demanda un rendez-vous que j'acceptai d'autant plus facilement que j'étais au moins aussi curieuse que lui ; de plus, un dialogue hors des sentiers battus ne pouvait être qu'enrichissant.

Pour ne laisser aucun doute sur son identité, il me précisa qu'il porterait l'uniforme ; nous étions convenus de nous retrouver sur un quai de métro.

Quoi de plus clair et de plus facile : du moins, c'est ce que j'avais pensé. Mais je n'avais pas compté sur l'intervention de mon satané petit lutin que l'affaire amusait.

Un samedi soir, je m'en fus donc à la rencontre de ce grand curieux.

Nous étions tous deux, ordinairement, très ponctuels dans nos rendez-vous, aucun problème de ce côté-là ; la station « Filles-du-Calvaire », rarement encombrée, devait nous servir de point de chute.

A l'heure prévue, je me projetai allégrement sur le quai de métro. Je ne fus pas la seule : un groupe de joyeux... légionnaires fit de même s'éparpillant dans le plus grand désordre, l'un allant à droite, l'autre à gauche.

Dans les minutes qui suivirent, il se dansa un petit ballet improvisé auquel participèrent les uniformes, les préposés au nettoyage de la station et moi-même.

Vous connaissez tous le système à la pointe du progrès employé par les services de nettoiement du métropolitain, ainsi que le dévouement exceptionnel de son personnel qui ne recule devant aucun obstacle.

Dans une mêlée au cœur de laquelle les joueurs de rugby les mieux entraînés n'auraient pas trouvé leur ballon, nous jouâmes, alternativement, à saute-serpillière, face à la marche obstinée du corps de balais.

L'arrivée d'une troupe de louveteaux n'arrangea rien et j'oubliai sur le moment pourquoi j'étais venue, entièrement absorbée par cette situation branquignolesque.

Vous l'avez deviné, je ne reconnus pas mon légionnaire et pour cause. Les épaules secouées par un fou rire qui me gagnait, je n'eus pas le courage de le trier dans le tas.

Et je ne sus pas s'il sentait bon le sable chaud.

Lorsqu'il m'arrive de tomber dans les bras des « Filles-du-Calvaire », je revis la scène un sourire aux lèvres. Et je vois des képis qui dansent, qui dansent…

CHAPITRE II

Les marchands de rêve : Jack

Vous allez voir comment on fait grimper l'échelle des illusions à une femme.

Sa première lettre ne m'avait cependant pas du tout conquise. Du fond du Var, il avait fait de lui-même la description suivante :

Cinquantaine, divorcé, haut niveau social, profession libérale, grosse situation, très jolie maison avec vue sur la mer (c'était presque le Guide Bernard) *très bel intérieur, bateau, belle voiture, grand, personnalité, caractère, viril, cultivé, humour, franc, tendre, aimant tous les agréments de la vie, vie calme, saine, nature, mer, soleil, jolie femme, grande, blonde, distinguée, élégante, intelligente, équilibrée, gaie, douce, ayant situation matérielle très aisée.*

J'avais répondu en signalant qu'un fossé nous séparait puisque ma richesse n'était guère palpable quoique plus apte à le rendre heureux que la fortune sur laquelle il comptait ; je lui avais également fait remarquer que c'était sa personnalité qui m'intéressait et non ses biens matériels.

A ma grande surprise, il avait fait abstraction de

tout orgueil et rédigé l'exquise lettre, dont voici, en partie, le texte :

Je vous dois des excuses pour vous renvoyer si tardivement votre photo, mais puisque vous n'ignorez pas... l'attrait de votre image, le charme, la distinction qu'elle dégage (wouaw) ... *vous me pardonnerez d'y avoir été sensible, d'en avoir presque abusé en la gardant plus que de raison, de vous avoir indirectement rendu hommage.* (Vous direz ce que vous voudrez, une cour bien faite est irrésistible pour les fleurs bleues de mon genre.)

Retard motivé aussi parce que je vous ai écrit, par besoin viscéral, des pages sous forme de ballades qui ne vous disaient rien, presque rien, enfin rien d'autre que vous ne sachiez déjà, puisque vous êtes déjà frappée par notre ressemblance et que j'en suis convaincu intimement. Et puis, n'ayant pas l'habitude de me conduire comme un hussard en campagne et de brûler les étapes, je me devais de déchirer ces pages...

Je l'ai donc fait uniquement par respect pour votre liberté, pour ne pas vous importuner, mais avec le regret et une certaine mélancolie que l'on éprouve pour un... rêve réalisable qui s'envole.

Il n'y a pas d'âge pour les emballements, c'est rester jeune que d'en avoir et, surtout, je n'ai aucune envie de vous considérer comme une étoile filante, ni de vous laisser disparaître à l'horizon, ni de vous consoler de moi avant l'heure en pensant qu'un bonheur extraordinaire vous attend... au fait, pourquoi pas avec moi ? Ceci, sans prétention, mais posément avec tout juste l'ironie voulue pour cacher l'inquiétude... sur la réponse ! Car j'ai l'intuition, pour le peu que je vous ai lue, entendue, aperçue, qu'une quantité d'éléments essentiels, aussi d'attractions diverses, même d'impondérables favorables, sont comme des maillons... à vous qui paraissez s'harmoniser pour l'instant avec ceux que je cherche depuis un an avec de plus en plus de lassitude... pour compléter l'élément manquant de ma chaîne de vie...

Pardonnez-moi, car je m'aperçois que, malgré certaines pages déchirées, j'y reviens en étant ridiculement sentimental.

Sachez seulement, chère Madame, que je souhaite vous connaître et que, dès à présent, vous pouvez me considérer comme un véritable ami sur lequel vous pouvez compter, si vous le désirez.

On peut difficilement rester indifférent à de tels propos et mon rôle n'était pas de le rester. Le charme avait opéré et j'avais réuni dans ma deuxième lettre tous les atouts ayant trait à nos affinités, susceptibles de susciter une explosion d'enthousiasme.

Le résultat ne s'était pas fait attendre : Jack avait fait cadeau aux P.T.T. de deux heures de conversation téléphonique venant de l'autre bout de la France ; au terme de celle-ci nous avions conclu qu'il n'était plus possible de retarder plus longtemps une rencontre : il en fixerait très bientôt la date.

Suite à ce délicieux entretien, mes nuits avaient été peuplées de rêves fous que ma pudeur m'empêche ici de vous décrire.

Quinze longs jours avaient ensuite passé avant que me parvienne une troisième lettre. Elle ne fixait rien du tout, mais disait ceci :

Chère amie,

Avant de partir me reposer, me détendre chez mon ami X. (suivait le nom d'un personnage très en vue…) *en son château … et ensuite en Camargue faire du cheval, chasser, pêcher, trois mots pour vous dire dès maintenant avant de le faire à mon retour combien j'ai été plus que sensible à votre longue lettre, que j'aime, amie, car si vous saviez à nouveau à quel point nos natures se ressemblent. Mais c'est grave, inquiétant presque et surtout merveilleux.*

Soyons raisonnables comme vous le souhaitez (?) *et attendons que les circonstances, nos intuitions fassent que l'heure soit venue de nous rencontrer.*

Je ne souhaitais rien du genre et vous imaginez ma

déception ; j'avais commencé à douter du sérieux de mon correspondant et décidé de laisser faire le destin.

Dix jours plus tard, un nouveau coup de fil m'avait plongée dans les délices de la parade pré-amoureuse. Nous avions comparé nos goûts, souligné le nombre croissant de nos affinités, échangé de frissonnants aveux : tout était prêt pour le bouquet final du feu d'artifice ; jusqu'au moment où j'avais décrit mon amour pour la musique et la pratique que j'en faisais.

La voix altérée, Jack m'avait alors demandé si un piano était nécessaire à la pratique de mon art. Sur ma réponse affirmative, était tombé le couperet mettant fin à ce début d'idylle.

Sa luxueuse villa était meublée au grand complet et il n'y avait absolument pas la place d'y intercaler un piano ! Sans doute, aussi, y avait-il tout juste la place pour m'y glisser moi-même...

Ayant coupé court par ses respectueux hommages, j'étais restée seule... avec mon piano.

Le dur contact du sol après une chute libre imprévisible m'avait replongée dans la réalité. J'étais tout simplement impardonnable d'avoir perdu de vue que ma valeur personnelle passait après celle des biens immobiliers de ce grand sentimental.

J'ai depuis consolé mon piano, peiné d'avoir été rejeté...

CHAPITRE III

Robert va-t-au marché

C'était la première fois que Robert se servait des annonces pour tenter de remplacer une épouse qui n'avait pas été, semble-t-il, à la hauteur.

De la réponse que je lui avais rédigée, avait rebondi un coup de fil venant des zones montagneuses de l'autre bout de la France.

Une mitraillette avait lancé des mots que j'avais essayé d'attraper au passage, pour mieux suivre le fil de ses propos. Ce travail épuisant m'avait appris que j'avais l'honneur insigne de compter parmi les correspondantes de marque qu'il avait sélectionnées et que j'aurais le plaisir de rencontrer ce nouveau candidat au bonheur, lors de son prochain passage à Paris.

J'avais donc attendu qu'il me fasse signe. Nous avions certes des goûts communs, une ouverture d'esprit découlant de nos nombreux séjours à l'étranger et le même appétit affectif.

Un matin, Robert m'avait surprise en me téléphonant de Paris ; il y était depuis la veille et, après un dîner qui devait porter ses fruits, avait passé une nuit enthousiasmante avec une correspondante qui semblait l'avoir pris au collet dès son arrivée.

Ne m'épargnant aucun détail, il m'avait conté sa belle aventure avec une ingénuité et un luxe de détails qui révélaient une grande délicatesse et avait conclu : « Ça y est, on s'aime », puis sans transition : « Alors, quand est-ce qu'on se voit ? (!) Je vais essayer de vous intercaler, car vous étiez la plus, etc. »

Tout en étant consciente de l'immense privilège qui m'était accordé, j'avoue avoir mis quelque temps à comprendre ; vous aussi sûrement !

Je suppose que Robert, habité par ce grand amour tout neuf, dans le feu de son exaltation, tenait à s'assurer qu'il n'y avait pas mieux encore.

« Vous comprenez bien que lorsqu'on doit choisir, avait-il ajouté, il faut aller jusqu'au bout pour connaître tout de la femme avec laquelle on vivra. »

C'était l'évidence même !

J'avais surtout réalisé qu'après ce long week-end, il s'avérerait nécessaire de faire intervenir Europe Assistance pour le ramener en ambulance dans ses montagnes, étant donné l'état d'épuisement dans lequel le plongerait le sondage approfondi de ses nombreuses correspondantes.

« Car voyez-vous, conclut-il, j'ai quatre jours pour en choisir une ; la vie est courte et il faut se dépêcher d'en profiter. »

Dans certains cas, ma générosité de cœur prend le dessus. Devant une épreuve aussi dure, je lui avais épargné une dépense d'énergie supplémentaire en retirant mon offre du marché.

Sentez-vous libres cependant de diminuer mon mérite, car j'ai souvenir de vous avoir dit combien j'avais horreur des concours.

Tous mes vœux de bonheur à l'heureuse élue.

Les perles

CHAPITRE PREMIER

Les frustrés : Yves

Yves m'avait jeté ses quelques lignes sur un minuscule petit carton jauni sentant les restrictions financières d'un Harpagon qui use encore le stock de cartes de visite de feu sa grand-mère, laquelle lui avait également légué un des noms fleuris de l'aristocratie française.

Il disait : *Attiré par votre description, aimerait découvrir vos défauts et vous connaître soit dans son appartement à Paris ou sa propriété en Dordogne ou celle des Deux-Sèvres (ou à Versailles...). Grand, dynamique, gai, infatigable, sportif, autoritaire mais compréhensif, tendre et sensuel. Cheval, natation, tennis, chasse, pêche, marche en forêt, champignons.* Pas d'âge, donc pas tout jeune. Au bas de la carte, son adresse à Paris à laquelle j'envoie un petit mot demandant qu'il veuille bien me téléphoner pour convenir d'un éventuel rendez-vous.

Je ne l'ai jamais ni vu ni entendu ; en revanche, quelques jours plus tard me parvenait une lettre... de femme. La voici :

Madame,

Mr. de X. de Z. a bien reçu votre lettre et me prie de vous répondre. (Je me dis qu'il a embouti un platane et dicté son courrier à une aimable infirmière.) *Il vous a confessé quelques-unes de ses qualités ; il y a sûrement du vrai, quant aux défauts, il a dû vous les effleurer avec humour peut-être.* (Ah, non ! ce n'est pas l'infirmière ça !) *Il a dû omettre de vous dire qu'il était marié* (paf), *séparé de corps, mais de temps à autre se rend chez sa femme. Il a une liaison, en l'occurrence moi* (pif) *avec qui il souhaite (faiblement) refaire sa vie le plus tôt possible. Depuis cinq mois je vis à ses côtés.*

Mr. de X de Z est un monsieur original aimant papillonner juste pour se prouver qu'il est capable de séduire. A quelques-unes de vos questions : il a soixante-deux ans, grand, assez fort mais bel homme, de l'esprit, parfois très brusque. Il m'aime et n'aime que moi. Il a encore le goût de l'amusement (qu'on essaye de lui faire passer) et des moments d'aberration. Je ne vois pas grand-chose à ajouter à ce message. Je prends part à votre déception, mais l'idylle n'étant pas commencée, elle sera de courte durée (oui).

Et la lettre s'ornait d'un délectable post-scriptum :

Je suis brune typée, mince, élégante, avec charme certain, sans ostentation de ma part. Croyez surtout que c'est bien de sa part que je vous écris. (Il doit être à côté d'elle, ligoté sur une chaise.)

La tigresse avait sorti ses griffes et dans un grand coup de gueule, ramené l'infidèle au bercail. Mais l'a-t-elle définitivement ramené ? J'en doute. Ses verdoyants soixante-deux ans et, comme aurait dit ma concierge, le démon de minuit qui le tarabuste, lui soufflera encore le moyen de sortir de son enclos.

Mais n'ayez crainte, si vous le croisez, il n'est pas dangereux. D'abord, comme vous l'avez constaté, il est très surveillé et peu persévérant dans sa quête du superflu et puis n'oubliez pas qu'il n'aime qu'ELLE. Grrrrrr...

CHAPITRE II

La perle noire

Bien Chère Mademoiselle,

Par l'intermédiaire de cette revue d'où je viens de m'abonné, je relève aujourd'hui votre annonce.

Je vous écris à cet effet, tout en vous priant de bien vouloir accepter qu'il y ait entre vous et moi, une vive et grande correspondance sur les sujets qui nous intéressent franchement.

J'ose y penser, Mademoiselle, que les mêmes but et intention qui vous ont conduite vers cette revue, peut-être seront identiques aux miens, lesquels pour moi paraissent simples mais très importants.

Je suis de nationalité antillaise, né en 36, célibataire, et voici trois ans que j'exerce la profession de magasinier dans une grande société privée, après un très long séjour de 25 ans, 7 mois et 14 jours en Europe.

De naturel, suis très gentil, sentimental, franc, loyal, honnête, mais suis bien loin du matérialisme.

Je crois, Mademoiselle, qu'avec tout ça, j'ai auprès de mon entourage, ainsi qu'au sein même de ma famille, qui est d'ailleurs très unie, un petit beau gros livre d'or.

Je mesure 1,65 mètre, 65 kilos de poids net ; yeux, cheveux et peau de corps noirs.

Au cas où vous voudrez bien accepter cette joyeuse et immense correspondance entre vous et moi, je vous conseillerai, Mademoiselle, 1 — de ne pas hésiter pour me le prouver par votre première lettre, que j'attends maintenant avec lourde impatience.

Dès que je serai en possession de votre aimable réponse, je me verrai bien dans de vives obligations de vous faire parvenir sans délai plusieurs autres renseignements utiles concernant mon personnage et ma photo. 2 — de bien vouloir m'écrire à l'adresse directement ci-dessous indiquée. 3 — seule votre adresse dans votre lettre même est très suffisante et non pas derrière sur l'enveloppe du fait qu'elle est sûre de me parvenir sans inquiétude aucune. 4 — de bien vouloir m'indiquer à nouveau le numéro de votre annonce par la même occasion.

Maintenant, je voudrais bien vous laisser vous reposer, ceci pour faciliter l'acheminement express de cette lettre, aussi il n'y aurait pas de retard.

Bien à vous, Mademoiselle, à mes très heureuses salutations de profonde gratitude.

Mamadou.

J'ai ici fidèlement reproduit cette lettre folklorique dont le style fleure les béguines ; sans aucune moquerie de ma part, elle m'a mise dans une joie extrême et m'a beaucoup touchée. Car je dois ajouter un détail merveilleux dû à la spontanéité de Mamadou : j'ai trouvé par-ci par-là, sur sa lettre, des traces qui ne laissent aucun doute sur leur origine. Il l'avait embrassée avant de la glisser dans l'enveloppe !

Que les petites antillaises se dépêchent de lui faire signe : il doit faire bon vivre près de lui.

CHAPITRE III

Petite parenthèse masculine

Les hommes, eux aussi, auraient leur mot à dire. Ils reçoivent un courrier très abondant : une centaine de réponses par annonce, contre une vingtaine pour les femmes, sauf celles qui cherchent la franche rigolade.

Il ne m'appartient pas cependant de parler à leur place. Je fais ici une petite exception qui leur donnera, je l'espère, le coup d'envoi.

Un de mes sympathiques correspondants avait eu la gentillesse de me faire parvenir une lettre d'une Mlle de... afin de la faire figurer parmi mes perles épistolaires. Je n'ai pu résister à la tentation de vous en faire lire un passage.

... Je constate en effet, cher Monsieur, avec infiniment de plaisir, que nous avons en commun sensiblement les mêmes affinités.

J'aimerais vous rencontrer le plus vite possible ; mais je suis un peu désargentée actuellement et n'ai pas, je pense, de tenue assez convenable à me mettre pour me présenter à vous.

Mais je souhaiterais tellement faire votre connais-

sance ; ne pourriez-vous m'adresser 300 francs pour que je m'achète une petite robe ou autre, afin de ne pas vous décevoir et surtout de vous voir rapidement. Pour le rendez-vous, il m'est facile de me déplacer, je possède une voiture.

Il y aura toujours des gens astucieux ; je n'aurais pas pensé à ce moyen-là pour renouveler ma garde-robe. Une chose m'étonne cependant : pourquoi ne pas avoir demandé par la même occasion un supplément pour les frais d'essence.

CHAPITRE IV

Les poètes : Patrick

Je vous livre ici, *in extenso,* ce poème-lettre qui ferait sûrement les choux gras d'un psychanaliste.

L'histoire est comme ça sans point ni virgule !

C'est le matin vingt-quatre ans (!) *Patrick*
Loupé, le bachelier
Parti travailler en Asie
Revenu
Paris chaud, solitaire
Pas partisan du voyage à Seudeme (?)
Les fleurs restent les fleurs
Blanche Rouge
Aujourd'hui le destin fait signe
Les arbres sont habillés de vert
Pour changer le rythme
Pour continuer à vivre
Grand 1,80 mètre pas beau le jésus 75 kilos
Chêne ou peuplier pas laid
Barbe rousse pour l'automne
C'est le matin imagination
Vapeur froide immaculé

Il ne se prend pas au sérieux
Le garçon les saisons
Aimer voilà la chanson
Je suis un utopiste
Condition suffisante
Aimer voilà la raison de Monsieur Patrick de l'hôtel X

Suivait l'adresse avec la mention : pour le postier. Hé oui ! son histoire est bien comme ça, sans point ni virgule, et lui sans queue ni tête...

Les expériences

CHAPITRE PREMIER

Mes expériences

Que c'est effrayant la solitude. Tous ne le pensent pas, moi si.

Lorsqu'on se retrouve tout à coup seul, coupé des habitudes vieilles de plusieurs années, que l'on dit bonjour aux murs, bonsoir à personne et que le silence répond aux questions posées, cet isolement prend toute son importance.

Or je suis de celles qui, privées de communication avec leurs semblables, rétrécissent ; ce que j'ai de positif doit rebondir sur autrui pour trouver son accomplissement.

Au début d'une séparation, cette solitude est cependant nécessaire ; elle permet de se retrouver, de faire le point. Il n'est pas facile de savoir qui l'on est exactement, ce que l'on est devenu, où l'on veut aller et pourquoi on y va.

J'avais réalisé à quel point les concessions nécessaires pour parer à la mésentente et arrondir les angles avaient constitué un danger ; elles avaient étouffé une partie de ma personnalité, réfréné mes élans et chassé le naturel. Ceci n'est pas une critique à l'égard de celui auquel j'ai consacré mes plus belles années, mais une constatation. Elle est valable pour les deux éléments de n'importe quel couple qui n'a pas trouvé son équilibre.

Dans la recherche de la vérité, qui est pour moi la seule chose qui compte vraiment, j'ai voulu retrouver ce naturel, facteur indispensable à ma propre réalisation.

Dans la solitude, face à moi-même, il a repris sa place. J'ai également compris que c'était une grave erreur de vouloir combler sa solitude avant d'être passé par une période de transition. Les veufs, divorcés ou séparés de fraîche date sont d'éternels indécis et insatisfaits ; n'étant pas encore dépouillés de l'impact inévitable laissé par leur précédente compagne, tout leur est prétexte à comparaison. Même si leur vie a été un enfer, ils semblent tenir aux petites habitudes qui, automatiquement, reprennent le dessus ; ils paraissent, en somme, ne pas être entièrement eux-mêmes mais encore eux plus une autre.

Durant cette période de transition, j'ai commis bien des erreurs. Mais n'est-il pas humain, face au vide, de s'agripper au moindre espoir ?

Lorsque les oreilles sont prêtes à éclater du trop-plein de silence, on voit apparaître l'angoisse, cette mauvaise conseillère.

Pour ne plus être seul, on a tendance à minimiser et parfois ignorer les points négatifs relevés chez les autres ; à la limite, on serait prêt à emprunter à nouveau la route qui mène à l'échec.

Ce mauvais passage franchi, vêtu d'une nouvelle peau, on peut alors repartir du soi retrouvé pour aller vers les promesses de l'inconnu.

Depuis le jour où je me suis jetée à l'eau pour rejoindre ceux qui nagent en direction de Cythère, il m'est arrivé bien des aventures.

Je n'ai pas voulu vous les narrer toutes, certaines ne présentant aucun intérêt.

Il m'est arrivé, par exemple, de passer un week-end

chez un correspondant qu'un premier contact m'avait donné envie de revoir. J'avais grelotté dans sa maison de campagne ravissante, mais glaciale, et imbibée d'humidité. De plus, il n'avait pas été question d'échanger des idées puisque cet homme, charmant au demeurant, était ennemi de toute discussion et n'avait pas grand-chose à raconter.

La découverte mutuelle s'était faite en étroite communion avec la télévision dont il ne fallait rien manquer des programmes ni de la publicité.

Or il peut se trouver parmi mes lectrices des candidates au grand silence tout aussi passionnées de télévision dont la robuste constitution supporterait, sans inconfort, les quinze degrés humides de ce genre d'habitation. Cette anecdote ne prouvant rien serait alors du commérage et vous auriez raison de me le reprocher...

Il m'a paru également indécent et peu délicat, voire même déloyal, d'accuser les failles de ceux avec lesquels j'avais espéré aller plus loin. Entre gens sincères et de bonne volonté qui ont ressenti une attraction mutuelle, il est des choses qui ne se racontent pas ; chacun y a laissé une partie de lui-même. L'esquisse de l'amour a été ébauchée et laissée en suspens ; en définir les lignes serait trahir le secret de l'autre, que je respecte. Plus tard, beaucoup plus tard, je pourrai peut-être me libérer du poids de ces expériences qui m'ont grignoté une partie du cœur.

Ce livre ne s'adresse pas uniquement aux personnes qui partagent mes goûts et idées. C'est pourquoi je me suis bornée à conter les aventures sortant de l'ordinaire ou celles qui, dans ce genre de recherche, accusent la vulnérabilité de notre état de femme.

Et je n'ai pu résister à l'envie de vous faire rire le plus souvent possible parce que d'abord c'est tellement bon et ensuite parce que la vie actuelle a tendance à nous voler nos moments d'hilarité.

Il faudrait pouvoir faire comme les enfants : esquisser un sourire pendant que les larmes coulent...

CHAPITRE II

Les conquérants : Émile

Le griffonnage de son petit carton disait qu'il pensait répondre à mon attente, qu'il était grand, sportif, aisé et que pour lui les problèmes n'étaient que des événements mineurs inclus dans la vie de 1977, ce qui, vous l'admettrez, ne voulait strictement rien dire. Il disait aussi que j'exprimais en tous points ce qu'il pensait et qu'il espérait que ce petit mot lui permettrait de trouver la compagne rêvée car, d'après lui, tout était simple et devait se dérouler selon ses prévisions. C'était, sans nul doute, un optimiste.

J'aime les optimistes, ils sont revigorants et stimulants. En l'invitant à venir prendre l'apéritif, je lui donnerais l'occasion de détailler sa description un peu trop sommaire. Il avait accepté avec enthousiasme.

A l'heure prévue, un coup de sonnette décidé m'avertit de son arrivée ; la porte à peine ouverte, je découvre qu'Emile, lui aussi, s'est rajouté quelques centimètres.

Il est petit, très petit, a l'air gauche, une voix monocorde qui débite des banalités et, sous une grosse paire de lunettes, un œil s'égare, ce qui fait qu'on ne sait jamais lequel regarder en lui parlant.

Que faire lorsqu'un manque d'attirance est aussi flagrant et qu'on accorde de l'importance aux lois de l'hospitalité ? Garder le sourire mais se maintenir dans une zone neutre à l'abri de toute ambiguïté, je ne vois rien d'autre.

Emile, lui, ne l'entend pas ainsi.

A peine assis, il se sent bien chez moi, extraordinairement bien même, le dit et s'efforce de le montrer. Ses yeux s'allument, séparément ; la sève monte, il est prêt pour la scène I, je le sens ; pas moi, en tout cas, et durant une longue heure nous jouerons aux chaises musicales autour des fauteuils du salon, lui obsédé par sa main qu'il veut sur mon genou et moi me levant à chaque fois qu'elle se fait plus pressante.

Il est mélomane, me dit-il, et le prouve en se pâmant d'aise à l'écoute de la *Symphonie espagnole* de Lalo qu'il connaît par cœur : pas de chance, il l'a intervertie avec le *Concerto pour violon* de Vieuxtemps, après un coup d'œil malchanceux sur la chemise du disque. A vrai dire, il n'entend rien à la musique, ne l'aime peut-être même pas ; plus tard, se rappelant mon amour pour Mozart, il se dira charmé par Amadeus qui est... du Vivaldi.

Il vante, au demeurant, ses nombreuses qualités, ses donc multiples, sa virilité et sa santé de fer qu'il doit à ses parents, russes d'origine (tiens ! pas de malades dans cet heureux pays ?...).

Lorsqu'il en arrive à souligner son inaltérable optimisme, je réalise qu'il m'embête sérieusement ; le mieux est de mettre les pieds dans le plat, au beau milieu, et tout de suite.

Je lui fais remarquer que le « tilt », facteur imprévisible et capricieux, n'a pas joué et qu'il serait préférable d'abréger notre entretien.

A ma grande surprise, il me répond qu'il n'en est pas question parce que lui a eu une impression plus que favorable (ah, zut !) ; il est même très emballé et j'ai beau lui répéter que moi pas du tout, il s'enhardit, s'entête à me le prouver, le jeu de chaises devient endiablé et il me faudra l'éjecter sur le palier après que ses mains aient tenté de me montrer à quoi elles pouvaient servir.

Dégats limités, cette fois, mais avertissement lancé par mère Prudence que mon petit lutin prend un malin plaisir à dédaigner, par jeu peut-être, mais aussi par curiosité et besoin incorrigible de comprendre de quoi les gens sont faits.

CHAPITRE III

Les morbides : Bernard

Certains adoptent des enfants, d'autres la tristesse. Ils se lèvent avec elle, se couchent avec elle et sa présence devient rapidement indispensable. Si un jour vous croisez ceux qui font mine de vouloir s'en débarrasser, ne les croyez pas : ils ne peuvent vivre sans elle.

Bernard était de ceux-là.

Sa lettre était un S.O.S., un cri de détresse.

Madame, disait-il,

Vous recherchez l'intelligence, la culture, la sensibilité ; je crois pouvoir répondre, plus ou moins, à cette requête.

J'ai trente-huit ans, je suis grand et mince, ni beau ni laid. Je suis d'un tempérament plutôt rêveur, extrêmement sensible, assez triste et solitaire avec des éclats de gaîté brève, de plus en plus rare, hélas.

En outre, assez misanthrope en vieillissant et misogyne parfois, à force d'idéalisme déçu.

Je suis séparé depuis peu, en instance de divorce, après onze ans d'un mariage raté. J'ai deux petits enfants que je vois chaque week-end et qui sont mon seul lien affectif avec l'humanité.

Renfermé, ne souhaitant pourtant que m'épancher avec quelqu'un que j'en trouve digne, assez fier, timide et anxieux, je suis las, malheureux de vivre et souffre d'une solitude profonde qui dure depuis très longtemps, pendant et après mon mariage.

Car j'ai toujours beaucoup demandé aux êtres humains et, ne recevant pas ce que j'attendais, j'ai préféré ne rien avoir plutôt qu'avoir trop peu.

Je cherche une liaison profonde avec une compagne tendre et belle, belle surtout, que je puisse admirer et qui m'admire.

Hélas ! je demande beaucoup, mais je n'y peux rien, c'est ainsi. Sans la beauté, sans la tendresse, je ne peux aimer vraiment. Et c'est le drame de mon existence qui m'empêche de m'épanouir et de vivre comme le font les autres.

Et je suis désemparé, si triste de vieillir ainsi, solitaire, sans amour, que je me raccroche au moindre espoir, une annonce peut-être ?

Que pensez-vous de tout cela, Madame ?

Ce que j'en pensais? Que je ne pouvais rester insensible à un tel appel et que, malgré ses 38 ans, je devais lui tendre la main pour le sortir de ce gouffre.

A cet effet, je me servis dans ma réponse de phrases de choc destinées à le dégager de sa dépression et lui montrer que le soleil existe.

Précisant mon âge, je lui proposai une soirée de bavardage amical, hors des eaux troubles ; nous pourrions exposer réciproquement nos problèmes et tenter de les résoudre.

Il accepta, découvrant un peu plus sa personnalité dans une deuxième lettre :

J'ai lu et relu votre lettre ; elle correspond bien à ce que j'avais ressenti dans votre annonce ; une inaltérable joie de vivre, une vibration intense et magnifique devant l'existence.

Comme je vous envie, chère Madame, car moi je suis de plus en plus hanté par la mort ; c'est assez terrible à reconnaître et à avouer.

Cela vous expliquera pourquoi j'ai répondu à votre annonce dont le texte brillait parmi la médiocrité des autres.

Vous voilà donc plus âgée que moi, bigre ! Si j'étais raisonnable, je n'aurais pas dû répondre à votre lettre. Mais là encore, votre façon superbe de sourire à la vie a enterré mes hésitations ; je sais que c'est idiot car cela ne pourra sans doute pas m'apporter ce que je recherche, mais je suis trop misérable pour ne pas tenter de m'évader un peu de ma misère.

D'accord pour parler avec vous un peu, beaucoup, cela dépendra — soyons francs — de l'attirance inexplicable qui peut naître entre deux personnes et qui s'appelle sympathie.

Je préfère vous rencontrer loin de mon lieu de travail, pour ne pas me faire remarquer par mes collègues. J'ai des cheveux très courts, des lunettes, l'air sévère et suis habillé de couleur sombre — c'est normal (!).

Je suis vraiment un être blessé ; lorsqu'on se dévoile, on espère toujours que cela vous apportera du bonheur en récompense ; on a besoin d'obtenir quelque chose parce que cela fait souffrir de parler de ses souffrances.

Bernard, sur mon invitation, vint chez moi boire le vin de l'amitié.

A ma grande surprise, je vis arriver un grand et bel homme, sûr de lui et jovial.

Mais, hélas ! comme dans les caissettes de framboises vendues au marché, sous sa brillante apparence, l'intérieur était gâté.

Il avait fait le maximum pour ternir la lumière de sa vie. Marié n'importe comment, il avait quand même fait deux enfants à cette femme qu'il décrivait comme nulle et vide et, bien entendu, il croulait déjà sous les charges du divorce.

Son travail de comptable, qui ne lui plaisait pas, s'effectuait avec monotonie, dans la routine. Il était, d'après lui, entouré de médiocres avec lesquels il n'avait rien en commun et auxquels il ne parlait jamais. Le mot peur revenait sans cesse. Il avait peur de la vie et surtout peur de la mort et avait vendu sa voiture, hanté par les nombreux accidents.

Son jugement sur les femmes était assez curieux ; il déplorait leur peu de tempérament alors qu'il se disait, lui-même, peu viril... et lorsqu'il lui arrivait d'être attiré par l'une d'elles, ses réactions étaient celles d'un adolescent cultivant en secret un amour dévorant.

A certains moments, sa conception de l'amour rejoignait celle des jeunes filles du début du siècle fraîchement sorties du couvent.

En somme, à trente-huit ans, Bernard n'avait pas encore vécu. De toute évidence, il semblait urgent qu'il soit projeté dans le vrai tourbillon de la vie et qu'il y rencontre, à foison, des éléments du sexe dit « faible ».

Il fut d'accord sur ce point-là et sembla bien décidé à bouger et à suivre les quelques conseils que je lui prodiguai.

Il parvint à parler de lui en toute confiance, de tout ce qu'il avait de peine, de ressentiment, de rancœur et de révolte dont seuls ses quatre murs avaient été témoins.

Sentant le moment venu, je lui parlai de ma joie de vivre qui l'avait tant frappé ; il était trop facile, lui fis-je remarquer, de se borner à envier ceux qui refusent avec force l'emprise du désespoir et surmontent les épreuves le sourire aux lèvres.

Je lui prouvai qu'il savait encore rire en lui racontant quelques-unes de mes histoires rocambolesques. Il me quitta presque joyeux, les traits du visage détendus, m'assurant de cette nouvelle amitié à laquelle il pensait ne plus croire.

Elle ne vécut pas longtemps.

Quelques jours plus tard, il retomba dans les bras du chagrin qui la grignota. Et il m'envoya ces mots :

Chère Madame (vous voyez que je fais un effort),

Merci de vos lettres, de vos conseils. Le lendemain de notre rencontre, je me suis posé des questions relatives à l'amitié, et je n'ai pu que développer mes anciennes réponses.

Si je ne connais pas l'amitié, ce n'est pas parce que je n'en suis pas digne ni parce que je n'en ai pas l'aptitude, mais parce que je désire ardemment plus que l'amitié, donc l'amour. Et ce désir est si prioritaire qu'il m'amène à refuser, négliger toute autre forme de relation affective ; lorsque je me livre, me raconte, je regrette que ce ne soit pas dans les conditions idéales dont je rêve.

L'amitié ne se commande pas (sic) *; elle doit, elle aussi, dépendre d'une étincelle plus ou moins magique, en quelque sorte, un amour atténué... !*

Finalement, je préfère ne pas m'ouvrir à elle tant que je n'aurai pas obtenu l'amour.

Et j'attends et je vogue à la dérive : je suis bien à plaindre.

Sa signature, plus petite et ramassée que jamais, me fit penser à *L'Accroche-cœur* de Boris Vian : il ne resterait bientôt plus rien de lui, il serait victime de son auto-rétrécissement et disparaîtrait.

Dans le bas de la page, illustrant son état d'âme, Bernard avait dessiné un visage triste à faire peur dont les larmes coulaient des yeux ! C'était bien le sien.

La bonne volonté a ses limites et j'ai les miennes. Je le lui fis savoir en lui disant qu'il était hors de question que je le plaigne, la pitié étant un sentiment de piètre qualité que je n'approuvais pas.

Je le priai de cesser de se contempler, de se pleurer et surtout de se faire plaindre, mais plutôt de se viriliser en prenant sa vie en main.

Qu'est-il devenu, je me le demande ; pleure-t-il un peu moins qu'avant ?

Je me suis quelquefois demandé si, au lieu de l'aider, une bonne fessée n'aurait pas été mieux indiquée !

CHAPITRE IV

Les méningés : Didier

Comment pourrait-on faire comprendre aux gens intelligents qu'ils le sont déjà moins lorsqu'ils se comblent de louanges...

Dans le cas de Didier, c'était flagrant. Il se disait très intelligent et supportait mal qu'on le soit moins que lui. Il le projetait dans ses lettres, sans ménagement ; son cerveau de qualité supérieure décelait sans pitié la moindre faille, idée mal exprimée ou mauvais raisonnement, et les rejetait avec un mépris à peine déguisé. Je pense qu'à la longue il aurait fini par me coller un complexe d'imbécillité.

Les cinq cents kilomètres qui nous séparaient avaient dicté l'échange nourri de correspondance et d'appels téléphoniques.

Je n'avais pas aimé son écriture, mais n'étant pas graphologue, n'y avais accordé que peu d'importance. En revanche, avoir affaire à quelqu'un qui a quelque chose à dire et le dit bien, éveille toujours mon enthousiasme : c'était son cas.

Chose curieuse cependant, ses idées s'exprimaient dans le plus grand désordre et sans liaison aucune ; il devait être de ceux qui fouillent tous les tiroirs avant de trouver leur paire de chaussettes.

J'avais indéniablement été sensible à la qualité de sa recherche ; enfin un homme qui ne parlait pas, en premier, des mensurations de la femme souhaitée.

Dans sa description du couple tel qu'il le concevait, je retrouvais exprimées une bonne partie de mes idées. Mais je n'étais pas d'accord lorsqu'il disait que l'entente sexuelle dépendait uniquement des affinités intellectuelles ; il n'accordait que peu d'importance à l'apparence physique et le disait trop souvent. Je m'étais demandé si cela ne cachait pas quelque chose.

La photo qu'il m'avait envoyée m'avait plutôt déçue mais comme elle était assez floue, je m'étais interdit de conclure trop hâtivement.

D'ailleurs, l'expérience m'avait appris le peu de rapport qu'il y a entre les traits figés par la photographie et ceux que l'expression anime dans la réalité.

Du flot d'idées qui s'entrecroisaient dans ce courrier abondant, une chose manquait, et une chose importante à mes yeux : la tendresse dont il ne parlait jamais ; l'absence de gentillesse épistolaire contredisait son attirance à mon égard qui était souvent mentionnée.

On devrait toujours se fier à une première réaction de recul. Hélas ! en ce qui me concerne, le goût du risque et une insatiable curiosité qui me poussent à en savoir davantage sur l'être humain m'ont souvent précipitée dans l'abîme des déceptions.

Nos échanges téléphoniques m'avaient à la fois excitée et agacée. Le degré d'analyse poussé à l'extrême, il happait au vol mes imperfections oratoires pour me hisser à son niveau. Mon orgueil en avait pris un coup, c'est sûr, mais en même temps, sentir que quelqu'un poussait le fonctionnement de mon cerveau à la limite de ses possibilités, était vraiment passionnant.

J'avais noté avec quelque inquiétude que Didier

jouissait d'un état de pré-retraite, jusque-là mal organisé, puisqu'il souffrait déjà d'inaction.

La sempiternelle télévision occupait une grande place dans ses distractions ; s'y ajoutaient les heures de lecture et l'inévitable dialogue avec lui-même, puisqu'il n'avait pas d'amis apparemment.

Vous n'avez idée de l'effet que produit sur moi le mot « retraite » ! Il me plonge dans un état voisin de la panique et je me vois déjà enfoncée dans ce sommeil provisoire qui conduit au définitif. L'image de la mémé au tricot, entourée de la horde de ses petits-enfants me vient à l'esprit, ainsi que celle des soirées sages arrosées de tisane. Or comme j'ai autant horreur du tricot que des tisanes...

Restait à savoir si ce pré-retraité conduisait ses 60 ans en marche avant à vitesse limitée ou en marche arrière.

Suite à une indisposition passagère, Didier n'avait pu monter à Paris pour m'y rencontrer. Ayant besoin d'un changement d'air, j'avais décidé de m'accorder des vacances et fis le projet de m'arrêter chez ce nouveau correspondant ; celui-ci proposa de m'héberger puisqu'il disposait de plusieurs chambres d'amis, ce que j'acceptai avec plaisir.

Sept heures de route me séparaient des Charentes. Pourquoi, à l'approche de la petite ville de province où je me rendais, ai-je eu soudain l'envie de faire demi-tour, je ne sais. Ce mystérieux domaine de l'intuition m'étonnera toujours.

Sans indication sur la marche à suivre, je tournai en rond durant un bout de temps avant de trouver la villa du « presque retraité ».

Je reconnus le grand sapin figurant sur la photo et cherchai des yeux le jardin dont il avait semblé faire partie ; mais il n'y avait rien d'autre, ce conifère étant ici le seul représentant du règne végétal.

A propos de cet astucieux trompe-l'œil, je vous conseille vivement d'en faire l'essai. Un arbuste planté à l'angle de votre maison suffira à rendre l'effet attendu dont le résultat surprenant se lira sur vos photos ; tout le monde s'y trompera et on aura envie de venir goûter aux joies champêtres de votre soi-disant jardin.

Après des coups de sonnette répétés et une longue attente, Didier apparut sur le pas de sa porte et vint ouvrir la grille d'un pas traînant.

Un de plus qui m'avait trompée sur sa taille.

Je ne comprendrai jamais le besoin qu'ont certains hommes de tricher dans leur description en s'allongeant de quelques centimètres pour, finalement, susciter l'inévitable effet de surprise lors de la première rencontre. Mais est-on nécessairement psychologue lorsqu'on est intelligent ?

Chez Didier, presque tout donnait l'impression de petitesse ; sauf la tête, le nez en forme de fraise et la bouche ourlée de lèvres bleutées me faisant penser aux langues des chows-chows.

Un tic permanent assurait l'entretien de nombreuses prothèses dont la dorure était visible chaque fois qu'il ouvrait la bouche. Un pantalon trop large accentuait sa minceur et les quelques centimètres manquants du bas lui donnaient l'allure d'un adolescent ayant poussé trop vite.

Nous avons tous nos préférences. Je me sens personnellement mal à l'aise en présence d'un homme beaucoup plus petit que moi et la vue d'une main de petit format me transforme en glaçon.

C'est ce qui se passa lorsque Didier me tendit la sienne, m'attirant à lui d'un geste significatif.

Nul doute, il avait décidé que je devais lui plaire. Sa grande assurance tentait à démontrer que les êtres de grande intelligence de son espèce étaient irrésistibles.

Cela eut pour résultat que je devins raide comme un passe-lacet. Forçant le sourire qui, d'habitude, me vient naturellement, je m'efforçai de mettre une distance entre lui et moi et, le devançant, partis à la découverte de cette maison si peu engageante de l'extérieur.

Il y régnait une grande tristesse. L'inclinaison des volets mangeant toute la lumière plongeait la pièce de séjour dans une funèbre demi-obscurité. Une odeur de vieux monsieur fumant la pipe me rappela un de mes grands-oncles.

Le décor traditionnel et profondément ennuyeux avait aussi son coin pompeux tarabiscoté de chinoiseries ; intérieur de bourgeois bien assis, sans âme ni fantaisie, suant la valeur qu'il était bon de lui prêter.

Des erreurs de goût partout avec un mélange de beau et de laid, et l'on avait mal pour le Directoire voisinant avec le rustique.

J'imaginai quelle pourrait être, aux côtés de Didier, cette petite vie de solitude à deux parmi ces meubles qu'aucun ami ne venait jamais déranger ; morne train-train de ville de province sans source de renouvellement puisqu'il me disait ne jamais sortir.

Mine de rien, Didier commença par énumérer la longue liste de ses habitudes : je me pris un instant pour la femme de ménage qu'on met au courant...

Très vite, son débit ininterrompu de paroles me donna le vertige. Si j'avais compté sur l'apport intellectuel que promettait la mise en marche de ce cerveau exceptionnel, c'était là une déception.

Partageant son fade repas de célibataire, j'eus droit à des détails tout aussi insipides concernant la nourriture en général et les mets présents en particulier. J'appris comment son grand-père faisait cuire les fayots, la nécessité d'agrémenter la salade d'une pincée de sarriette et de garder la peau des tomates puisque le reste n'a aucun goût, etc. Je faisais face à un tube digestif.

Durant les cinq heures que je passai sous son toit, il ne me parla que de lui, de sa nourriture, de ses maux divers et de sa retraite. De moi, aucune mention. Ma vie présente, passée ou à venir ne l'intéressait visiblement pas.

J'avais été portée à penser que le poste de haut magistrat qu'avait occupé Didier lui conférait un cachet de bonne éducation, ce qui en fin de compte n'avait strictement aucun rapport ; j'en eus la confirmation lorsqu'à la nuit tombée il me parla de ses maîtresses. « Les femmes, me dit-il, lorsqu'elles ne sont pas intellectuellement à ma hauteur, me servent de... vide-couilles (!!!) »

Je ne suis pas bégueule, et j'ai toute une gamme d'histoires lestes très valables ; mais je supporte mal la trivialité et encore moins qu'on prenne les femmes pour des réceptacles.

Je le lui fis savoir sur-le-champ et appris, par retour, que je n'étais pas une femme libérée et sûrement pas au courant des besoins physiologiques des hommes !

Pas libérée, moi, et pas au courant de... ! La soirée prit immédiatement une couleur d'orage et je lui servis la plus belle tirade de ma carrière, mettant sur un plateau d'argent tout son personnage, y compris ses besoins physiologiques.

Vous me croirez ou non, mais cela eut sur lui un effet surprenant. Avec la voix et les gestes d'un tragédien de bas étage, il me déclara que je lui plaisais plus qu'aucun homme ne pourrait jamais me le dire, affirma que je l'avais jugé trop hâtivement et qu'il allait me prouver *illico* de quoi il était fait... dans son lit !

La bombe amorcée éclata. Je me défis énergiquement des bras tentaculaires qui avaient joint le geste à la parole et, telle une furie, empoignai mes bagages ; et je le plantai là, ahuri d'abord, fou furieux ensuite.

Ce geste d'éclat me coûta cher. Il était onze heures du soir et le verbiage de Didier, ajouté aux heures de route, m'avaient épuisée. Aucun hôtel ne m'hébergea à cette heure tardive ; je faillis m'endormir au volant et dus me résigner à prendre un peu de repos sur le siège inconfortable de ma voiture.

Mais croyez-moi : les quelques heures passées dans un chemin creux, en rase campagne, avec pour voisinage de paisibles vaches faisant tache blanche dans la nuit, firent mes délices.

Je rêvai que je m'échappais des griffes d'un horrible loup, et mon inconscient se débarrassa à jamais de la tension des heures passées et de Didier l'intelligent.

CHAPITRE V

Les souvenirs douloureux : André

Ma vie d'annonceuse a été sillonnée d'André(s) et, chose curieuse, ils furent tous les quatre inconstants et hermétiques aux sentiments. Deux sont passés comme des météores, le troisième, pantouflard, avait épousé la télévision et le quatrième l'aventure.

C'est le dernier qui m'a fait mal.

J'avais aimé l'écriture virile et le style réaliste de sa lettre, rédigée par un cerveau bien ordonné. A sa culture générale, que l'on sentait très étendue, s'ajoutait la pratique de plusieurs langues.

C'était un grand sportif ayant le goût du risque ; il l'entretenait en passant de l'avion à la course automobile et au hors-bord.

Son métier de courtier international l'avait conduit à l'étranger où il avait vécu durant vingt ans. Ses affaires confrontées aux problèmes de l'affaissement conjoncturel avaient dicté son retour en France. Il séjournait depuis dans une ville de province.

André se disait *jeune d'esprit et d'allure ; son humour*

l'aidait à n'attacher de l'importance qu'aux choses qui en avaient vraiment. Il s'accusait d'une tendance à la domination, à la cyclothymie aussi et faisait remarquer qu'il n'avait pas toujours eu une nette perception des vraies valeurs; il était conscient d'avoir laissé passer des joies simples et saines, étant toujours à la recherche d'autre chose.

La vie s'était chargée de le lui faire comprendre et il avait payé cher ses expériences.

Son mariage qu'il qualifiait d'épouvantable malentendu avait duré trente ans. L'histoire était classique : le devoir lui avait dicté d'épouser la femme qui, de lui, attendait un enfant. Le divorce le rendait enfin libre de chercher la compagne de ses rêves.

Il terminait sa lettre en me priant de le rencontrer et m'adressait ses sentiments les plus choisis.

Cette lettre me plut. Peu d'hommes sont conscients de leurs défauts, peu le disent, et celui-ci le faisait avec charme.

Je répondis donc que je le verrais avec plaisir lors de son prochain passage à Paris.

Ce fut le salon d'un grand hôtel qui nous mit face à face. Au premier coup d'œil, il passa entre nous ce quelque chose qui différencie les rencontres ordinaires de celles qui le sont moins.

J'aimai son visage, la force qui émanait de ce corps musclé, l'intelligence se lisant dans ses yeux et ses mains dures et puissantes.

L'heure de l'apéritif passa comme un éclair et nous décidâmes d'un commun accord d'aller dîner ensemble.

Tout au long de la soirée, dans le cadre d'un restaurant des années folles, je fus consciente de son pouvoir de séduction, qui était grand, et me laissai porter délicieusement.

Les quelques heures passées à nous décrire au passé et nous rêver au futur s'enfuirent à toute vitesse ; le « tilt », le courant de sympathie semblaient évidents.

Hélas ! les amis qui l'attendaient pour l'héberger me

le ravirent à regret. Ses dernières paroles devaient rester gravées dans ma mémoire durant les semaines qui suivirent.

Ne pouvant se contenter de sentiments tièdes, il avait voulu savoir, avant de partir, si la vive sympathie qu'il avait eue à mon égard, était partagée. Ma réponse nous projeta dans les bras l'un de l'autre et la place du Palais-Royal, où nous nous étions arrêtés, me parut le plus bel endroit du monde. Nous étions prêts à conjuguer le verbe aimer.

Puis ce fut le silence, cruel, incompréhensible. Un mois était passé ; mes lettres étant restées sans réponse, je fus persuadée qu'un accident était venu mettre fin à ce début de rêve.

Deux mois plus tard me parvenait une lettre. André disait qu'il ne voulait pas jouer avec moi, que ses problèmes, pour l'instant, s'ajoutaient aux miens et qu'il attendait de pouvoir m'apporter ce que je méritais avant de me revoir. Il était reparti à l'étranger pour consolider l'avenir et me gardait toute sa tendresse.

En l'espace d'un an et demi, je l'ai revu trois fois. Le rêve s'est effrité, usé par le temps et les faux espoirs.

Il a disparu et emporté dans sa valise les promesses de bonheur qu'il déballe, sans doute, à chaque rencontre plaisante, tel un voyageur de commerce.

Viendra un jour où il la trouvera vide, comme son cœur.

CHAPITRE VI

Les bons souvenirs : René

Au téléphone nous avions d'emblée ri comme des collégiens, ce qu'il n'est pas fréquent de faire avec ceux qu'on ne connaît pas.

René m'avait écrit de façon originale d'une ville proche de Paris. Sa lettre, commençant par *Bonjour Madame,* se poursuivait par un descriptif détaillé et l'omission d'une virgule, à l'effet inattendu, m'avait beaucoup amusée ; cela donnait : *Yeux bleus sans charge de famille !*

Il cherchait à rencontrer une parisienne proche de ma description pour relations suivies. Il avouait 56 ans, moins d'apparence. Le canevas de sa vie, en dehors de son travail, sortait de l'ordinaire puisqu'il avait, entre autre, descendu le Nil et parcouru en Land Rover la distance séparant Paris de la Côte d'Ivoire.

Je le mettais dans la catégorie de ceux dont la curiosité est permanente et universelle.

René parlait également de ses qualités insupportables et terribles défauts ce qui, d'office, les rendait acceptables. Son besoin d'amitié qu'il voulait, comme il le disait, renforcé d'affection et de tendresse, appelait une épaule féminine qui aurait pu aussi bien être la mienne, après tout.

Cependant, au cours de notre conversation téléphonique, il avait immédiatement mis les choses au point en précisant qu'il ne souhaitait pas cohabiter avec sa future compagne, mais bien la rejoindre de temps à autre à Paris.

Evidemment, son point de vue différait du mien, mais nous avions tout de même décidé de nous rencontrer, poussés par le courant de sympathie allant croissant, ne serait-ce que pour comparer nos situations et échanger des idées.

La journée que je passai avec René fut absolument exquise. Il m'accueillit sur le quai de la gare, un grand sourire aux lèvres, tout en bleu, de celui du costume à l'étonnant turquoise de ses yeux malicieux, grand, mince, souple comme un chat, bienveillant, courtois et l'humour à fleur de bouche. Je crois bien qu'à nous deux, nous aurions fait ployer de rire la gare entière.

Conscient de nos divergences, il ne me reçut pas moins comme une reine. René avait, ancré en lui, ce penchant à faire plaisir dépassant les simples lois de l'hospitalité.

Ses efforts culinaires de célibataire touchants et en même temps comiques firent de son déjeuner un modèle du genre ; mon palais d'épicurienne fut comblé, de l'entrée au dessert. D'ailleurs, en eût-il été autrement, cela n'aurait eu aucune importance, sa drôlerie aurait fait accepter sans problème les mets les plus carbonisés.

Dans cet intérieur très rangé, artistement décoré et inondé de lumière, nous vîmes défiler et sa vie et la mienne. Nos espoirs formulés trouvèrent une oreille attentive et nous fûmes d'accord sur bien des points.

Cependant, pour des raisons qui vont chercher leur source dans des zones inconnues, il ne jaillit rien de plus entre nous que de l'amitié. J'y ai souvent pensé depuis, René aurait fait un frère merveilleux.

Lorsqu'à un moment donné je m'enquis de l'endroit où « le roi va sans le dire », au sourire malicieux accompagnant les indications de René je sus qu'il me réservait une surprise.

En effet, en proie au fou rire grandissant auquel, petit à petit, je donnai libre cours, je passai un bon bout de temps à déchiffrer les articles cocasses et annonces farfelues et à regarder les dessins humoristiques qui en ornaient les murs.

Mon rire, traversant la porte, me renvoyait le sien. Il devait sûrement suivre, en imagination, ma progression visuelle. Il y avait longtemps que je n'avais tant ri !

Quittant cet endroit d'ordinaire peu distrayant, nous nous retrouvâmes l'un et l'autre hilares, prolongeant à plaisir ce rire inextinguible.

Au cours de l'après-midi, il me livra tous les secrets de sa petite ville en guide averti.

J'appris bien des choses ce jour-là et de façon tellement agréable. Il savait ressusciter le passé, mettant à profit son talent de conteur et y mêlant tout l'esprit nécessaire pour en effacer l'aspect fastidieux.

René compléta l'éventail de sa générosité en me raccompagnant à Paris en voiture.

Dans une cave de la rue de la Huchette, aux chandelles, nous mîmes, ce soir-là, le meilleur de nous-mêmes avant l'au revoir de deux êtres de bonne volonté auxquels le destin n'avait pas encore fait signe.

La qualité dans n'importe quel domaine n'est pas une chose qui s'oublie. Cette journée est restée gravée dans ma mémoire. Comme vous l'avez constaté, j'ai eu le privilège de croiser la vie d'un homme qui savait prendre le meilleur de tous les instants et en faire de la joie.

J'espère qu'il est heureux.

CHAPITRE VII

Les incurables : François

Notre premier échange épistolaire avait été un vrai pugilat.

Sans préambule, François faisait étalage de ses titres et biens matériels : *Soixante et un ans, grand, docteur en droit, sciences po., revenus annuels de X.* (chiffres importants), *avoir X.* (très important), *une belle maison sur la Côte d'Azur avec glorieuse vue sur la mer et deux hectares et demi autour, un appartement dans le quartier le plus coté de Paris et une maison de week-end, P.-D.G., libre les neuf dixièmes de l'année, ayant assuré sa succession et jouissant des revenus constants de cette société très prospère, assurant à sa future femme la vie qu'elle pourrait souhaiter, faire le tour du monde si elle le désire ; resté extraordinairement jeune grâce à la pratique du sport* (performances à l'appui), *divorcé deux fois pour incompatibilité d'humeur, ce qui pourrait vous faire supposer que je suis doté d'un sacré foutu caractère ; cependant, je crois que je pourrais rendre une femme heureuse à la condition qu'elle ne soit pas égoïste et qu'elle ait un peu d'affection en réserve.*

A la lecture de cette lettre-appât, j'avais violemment réagi. Elle disait en somme : venez mon petit, je suis un grand personnage et j'ai une fortune importante, ce qui devrait largement compenser le fait qu'avec mon caractère de cochon il vous faudrait ne pas trop penser à vous-même !

Ma réponse avait été incendiaire. Qu'était ceci, un marché, étais-je à vendre ? La valeur des gens avait pour moi une autre signification et ma richesse ne se comptait pas en billets de banque, etc.

La lettre aussitôt envoyée, je m'étais empressée de l'oublier.

Mais les choses ne se passent jamais comme on le pense. Mes vociférations épistolaires avaient mis François en appétit. Il avait répondu que j'avais mal interprété ses propos ; il appréciait ma franchise et me demandait de l'appeler.

J'avais longtemps hésité avant de le faire, mais fus agréablement surprise. La voix au bout du fil était pleine de charme, de distinction et, lorsque s'y était ajouté le sel de l'humour, j'avais accepté avec joie de le rencontrer. Une petite déception, cependant, l'absence de galanterie que j'avais notée lorsqu'il avait montré une nette réticence à me rencontrer dans un endroit autre que le café se situant au bas de son immeuble.

François m'ayant envoyé une photo, je n'eus pas de mal à le reconnaître. Il était en pull-over et col roulé, ce qui lui allait fort bien.

C'était vrai qu'il ne paraissait pas son âge : grand avec beaucoup d'allure, il était bel homme ; un sourire charmeur découvrait de belles dents : c'était son plus grand atout et il le savait.

Chose curieuse, ses pieds étaient disproportionnés pour sa grande taille ; ils avaient arrêté leur croissance avant le reste et semblaient, à l'inverse de la tour Eiffel, ne pas assurer une base suffisamment solide pour le reste de l'édifice.

Je remarquai au passage un détail curieux qui

soulignait sa tenue décontractée : le pull-over abondamment troué, méchamment raccommodé par-ci, par-là, cadrait mal avec son aisance financière.

Nous fîmes plus ample connaissance à la terrasse d'un café où le Tout-Paris se retrouve à l'heure de l'apéritif.

Avec l'humour et l'intelligence, je fus une proie facile ; nous allions nous revoir, il le désirait beaucoup et moi aussi.

A sa demande, je me rendis quelques jours plus tard à son domicile.

François m'accueillit avec le même pull-over, orné de taches, cette fois, et un pantalon patiné. Il me fit les honneurs de la maison. Deux des trois pièces qui donnaient dans un long couloir servaient de bureau ; trois personnes y nageaient parmi les papiers de tout genre, les bottins et les échantillons. Jamais je n'avais vu pareil chantier.

Ça et là, par terre, des classeurs, des feuilles volantes, des piles d'enveloppes et des fournitures de bureau. J'imaginais la panique que ce devait être lorsque quelqu'un téléphonait pour demander un renseignement : « Nous allons vous le donner tout de suite, ne quittez pas, nous l'avons sous la main. »

Une idée démoniaque me vint à l'esprit : et si je faisais un courant d'air, que se passerait-il ? Les papiers tournés en salade feraient une danse macabre : on ne trouverait plus la facture de X & Co., les commandes seraient interverties, l'électricité coupée parce que la note serait allée se caler sous un radiateur...

François ne comprit pas pourquoi je souriais !

Ce qui me frappa le plus fut l'atmosphère de malaise qui régnait dans ce capharnaüm, absence de sourires et mutisme éloquents.

Quittant les trois fourmis affairées, nous passâmes au salon.

Lorsque la porte s'ouvrit, ce fut la surprise : dans

cet appartement de grande superficie, on vivait dans une seule pièce à tout faire.

Y étaient entassés, comme dans un magasin de meubles, un grand lit, table de nuit, table et chaises servant à la fois de bureau et de coin repas, commode, télévision et, comme j'allais le découvrir bientôt, le reposoir sacré de François : un fauteuil Récamier horriblement sale, qui avait servi et servirait encore de garde-manger à des colonies de mites auxquelles il assurait un approvisionnement de longue durée ; de là le pull-over troué...

Partout des piles de livres, des objets hétéroclites, des bouts de papier, des revues entassées couvertes d'une couche grasse de poussière et une plante mendiant de l'eau.

Ainsi donc ce P.-D.G. vivait dans cette seule pièce, sans âme ni personnalité, qui suait l'ennui et l'inconfort, où on n'était bien nulle part.

François se vautra avec un soupir d'aise sur le Récamier et m'invita à en partager un bout, ce que je me vis forcée d'accepter plutôt que ses chaises austères.

Il m'y conta sa vie, ses déboires, ses divorces et ses succès professionnels ; son aisance matérielle, il l'avait acquise au prix de douze heures de labeur quotidien et il comptait bien, à présent, profiter du fruit de ce travail de nègre.

A ce moment précis, la porte s'ouvrit silencieusement et je vis entrer, à pas feutrés, le spécimen le plus noir du continent africain.

« C'est Amadou », me dit-il.

Puis, lui parlant comme à un enfant :

« Ecoute bien. Tu vas nous faire à dîner. Prends le steak qui reste, ajoute quelques frites puisque c'est la seule chose que tu fais bien et donne-nous un dessert. Quoi, il n'y en a pas ? Alors tant pis, pas de dessert. »

Il m'expliqua combien Amadou lui était d'une aide précieuse ; il faisait partie des meubles (!), nettoyait l'appartement (si peu), faisait la cuisine (un peu) et répondait au téléphone (très peu et au bout de la dixième sonnerie...). Il faisait également office de porteur de valises pour les week-end et de caddie pour les parties de golf. « C' » était et non « il » était un élément indispensable de sa vie quotidienne qui le suivait partout.

Il ne fallait surtout pas lui donner forme humaine ; il ne parlait pas, ne voyait pas et ne ressentait rien.

Cette ombre deux fois noire allait jouer, dans les semaines qui suivirent, le rôle du troisième homme. Il était partout, entrait sans prévenir quand il ne le fallait pas, prenait silencieusement part à la conversation et ramassait dans les oreilles et dans les yeux de quoi alimenter les futures veillées de son pays natal.

A l'embarras que je montrai lorsqu'un jour je fus surprise dans le plus simple appareil, François me targua de conformiste ; Amadou était payé pour se faufiler dans notre vie privée tout en restant inaperçu.

Je ne m'habituai pas à ces yeux qui me suivaient partout. De même qu'après une partie de pêche prolongée les flotteurs se mettent à danser dans le noir de la nuit, ainsi je voyais ses yeux ; ils me hantaient jusque dans mon sommeil.

Je suivis François dans sa maison de campagne et dans celle qui surplombait la méditerranée.

La première, au lieu de « La Glycine », aurait dû s'appeler « L'Arthrose » ! Dans cette campagne verdoyante, l'humidité était permanente et imprégnait l'intérieur des habitations.

On aurait pu faire de cette maison, si engageante de l'extérieur, un endroit délicieux ; mais à peine était-on entré que le froid vous pénétrait jusqu'aux os.

Dans cette pénombre, tout était glacial, de l'aspect général à la température : meubles austères, cheminée ancienne mais rigide et imposante, fauteuils de bois sculpté au dossier droit interdisant le laisser-aller. Nulle part d'appel à l'intimité ; en vain cherchait-on les possibilités d'un voisinage amoureux.

Seul endroit de détente : la chambre-télévision-àcoucher. Si j'ai placé la télévision avant le lit, c'est exprès. Dès l'arrivée, le relais des programmes télévisés était assuré, on n'avait en somme perdu que le temps du trajet Paris-maison de campagne.

Il ne fallait rater ni les matches de football, ni les vieux films américains pour débiles mentaux, et surtout pas les westerns. Le tour d'adresse consistait à introduire des idées personnelles en les intercalant adroitement entre les interjections enthousiasmantes de la publicité :

— Ma chérie, comme ton linge est blanc !

— Mon Dieu, François, ce que j'ai froid...

— C'est parce que j'emploie la lessive X.

— ... aux pieds !... etc., etc.

Mais n'était-ce pas hautement satisfaisant, même en se gelant les pieds et le reste, de se fondre dans le bien-être du petit écran en jetant, de temps à autre, un regard ému sur cette merveilleuse nature. Coups d'œil qui demandaient cependant une bonne acuité visuelle étant donné l'opacité, de jour en jour plus grande, des carreaux.

Une vieille villageoise avait pour mission de garder la maison. Dès notre arrivée, elle m'avait toisée d'un air blasé et l'on sentait dans son regard désapprobateur qu'elle s'habituait mal au défilé des nouveaux visages. Combien avait-elle pu en voir ces derniers temps ? Seuls ses poules et son chat le savaient.

Pour apprendre à connaître quelqu'un, quoi de plus profitable que la cohabitation.

J'avais passé le premier week-end avec Harpagon. François supportait mal les plus petites dépenses. Pour délier ses doigts serrant dans sa poche une pièce de cinq francs, il fallait se livrer à autant de manœuvres que pour ouvrir un coffre-fort.

C'est ainsi qu'un jour, j'avais assisté à la défaite d'Amadou ; sa force de persuasion, peu efficace, n'avait pu soutirer l'achat de sucre en poudre.

Nous en avions été réduits à tenter d'adoucir l'acidité des yaourts au moyen de quelques vieux morceaux de sucre trouvés au fond d'un tiroir de cuisine. Essayez et vous verrez comme c'est amusant, quoique peu efficace.

Notre premier duel défendit l'honneur des petits pois. Comment était-il possible que sous mon apparence de personne avertie, je puisse ignorer que les plus gros pois sont les seuls admis par les fins gourmets ; les extra-fins, eux, étaient bons à jeter aux pourceaux !

Même combat pour le vin. François ne buvait que le petit vin du gros travailleur que je qualifiai de gros rouge, ce qui peignit son visage de semblable couleur.

Ce vin-là au moins (comment ne le savais-je pas) on savait de quoi il était fait, tandis que les autres avec leurs trompeuses étiquettes fleuries aux prix arrogants se payaient la tête du consommateur et rendaient malade.

Je me battis vainement ; à l'aube, je me battais toujours mais finis comme la chèvre de Monsieur Seguin, épuisée.

En somme, tous les jours sentaient les fins de mois difficiles, mais en rien comparables avec celles tellement plus joyeuses que j'avais parfois connues.

Après ce brin d'essai peu enthousiasmant, retirer mon épingle du jeu m'avait paru être la seule solution raisonnable.

Cependant, je fus forcée d'admettre que, malgré tout, le pouvoir de séduction de François rendait la tâche difficile.

Pensant me réchauffer corps et âme, il me fit entrevoir les délices de son domaine méditerranéen dans lequel il allait sous peu écouler le restant de ses jours.

J'eus la faiblesse et la naïveté de croire en des jours meilleurs ; le soleil ne transformait-il pas les caractères les plus ombrageux ?

Eh bien non, il ne transforme rien. Je peux à présent vous le dire, il empire. Pour se protéger de la chaleur, les renfermés ou apathiques rentrent un peu plus profondément dans leur coquille, quant aux nerveux, colériques et sanguins, ils explosent.

François fit des efforts pour contenir les pétarades de son mauvais caractère. Son sport favori consistait à contredire n'importe quoi. Il arrivait immanquablement au même résultat que lorsqu'on secoue une bouteille de champagne.

A cela s'ajoutait une autre particularité : connaissez-vous ce genre d'homme exclusif qui assure ce qu'il croit posséder en enlevant à la femme toute possibilité de plaire ? François était de ceux-là.

Le maquillage, d'après lui, était bon pour les « respectueuses » ; les cheveux devaient conserver le pli que leur avait donné la nature ou la nuit précédente ; quant aux vêtements, quelle importance puisqu'un corps nu est tellement plus élégant.

Or le pli naturel de mes cheveux, fins et soyeux, frise (si l'on peut dire) la raideur des baguettes de tambour ; quant à mon visage, si je lui refuse quelques petites touches de couleur, je lui prête les signes avant-coureurs de la maladie.

De plus, je suis sensible à l'élégance, au jeu de couleurs des tissus et, l'avouerais-je, au regard approbateur des hommes que je croise.

J'acceptai donc mal cette entrave à ma personnalité et ce manque de liberté.

Dans cette troisième résidence, qui était entourée de pins dont une partie avait brûlé, la seule chose qui me plut fut la vue qu'on y avait sur la baie méditerranéenne. L'absence de fleurs et la couleur terne de cette bâtisse sans grande personnalité appelaient la tristesse. Quant à l'intérieur, il était désolant et pratiquement vide de mobilier, de décor et de chaleur. Le passage récent d'une bande de truands avait laissé des traces sinistres, soulignant le côté peu engageant de cette maison qui se voulait de vacances.

Dans la chambre à coucher, l'état de la literie aurait mis à l'aise des clochards et l'on dormait sur des matelas à même le sol, ce qui me provoquait immanquablement des crises d'éternuements dus à la poussière qu'on aspirait à la source.

La couleur isabelle se lisant partout, les mains se poissaient à ne rien faire.

Cela me mène au souvenir que j'ai gardé des successives salles de bains dans lesquelles j'aurais souhaité purifier mon enveloppe terrestre.

Je pense n'avoir jamais vu de ma vie une opposition aussi grande entre le luxe et la saleté. Dans ces salles d'eau confortables en apparence où l'eau aurait dû laver, on salissait avec ostentation ; les serviettes, les brosses et les peignes, les verres et les tapis de bain donnaient à penser qu'une troupe de mineurs y avaient laissé les traces de leur dur labeur.

Je ne pense pas qu'on puisse donner le goût de la propreté aux gens qui l'ignorent sciemment ; mes origines nordiques refusant l'encrassement, il s'ensuivit un irrépressible dégoût.

François se disait populaire, mais il ne disait pas de quelle façon il l'était. Je l'appris au cours des mémorables parties de pétanque au sein desquelles on m'accueillit avec une sympathie faite de compassion admirative.

Peu d'indigènes supportaient son comportement et sa prétention ; le vide qui se faisait autour de nous était suffisamment éloquent.

Mon flirt quotidien avec le divin soleil fut en définitive le seul bon souvenir que je gardai de ce dernier séjour.

Je quittai François et son ombre noire et rejoignis la solitude sans regret, sauf peut-être celui de n'être pas arrivée à aérer sa vie ; l'idylle avait duré deux mois.

Une nuit, j'ai rêvé que François-le-Grand épousait feu ma tante Fany. Elle est morte voilà bientôt vingt-cinq ans, couchée sur ses valeurs boursières, ses mains étreignant une boîte à bijoux.

CHAPITRE VIII

Les ambigus : Gégé

Vous n'avez pas idée comme d'être montée sur les planches m'a été utile à certains moments de mon existence. Pour affronter Gégé, j'avais recréé l'atmosphère des répétitions générales.

En pensant aux déboires de mes consœurs si souvent trompées par les faux-semblants, je m'étais prêtée à cette scène que je voulais humoristique : faible compensation destinée à rétablir l'équilibre menacé par tous ceux qui s'ingénient à nous en conter.

La lettre de Gégé, modèle du genre, m'avait taquiné l'imagination. Par la suite, j'avoue avoir eu un certain plaisir à démonter la mécanique de ce faux « Dom Juan », prêt à tous les déguisements pour décrocher la pauvre petite poulette sur laquelle il se serait fait… la main.

L'essentiel de sa lettre disait ceci :

Je voudrais rencontrer une femme — suivait une longue liste d'adjectifs fleuris — *et tiens à vous préciser que je recherche chez ma compagne la satisfaction de l'esprit, parce que aussi celle du corps.* Même si c'était mal dit, on avait compris.

Je suis assez artiste de tempérament, très sensible, très sensuel pour tout ce qui est beau et, bien sûr, pour le corps de la femme.

Je suis un passionné de longues et très douces caresses faisant vibrer tel un instrument de musique le corps féminin, suscitant le désir le plus intense ; j'aime le jeu des mains, des doigts, surtout des lèvres, des baisers, de la langue sur toutes les parties du corps de la femme ; j'aime que celle-ci soit particulièrement sensuelle et que son « esprit » recherche la montée du désir et de la jouissance.

Je n'en dirai pas plus et vous direz très franchement si vous désirez une rencontre afin de faire une connaissance plus approfondie. (!)

Là-dessus, il me souhaitait un bon repos, sans doute pour être en forme, et terminait en me demandant de voir si mon cœur (?) était attiré par ce qu'il pouvait offrir. (C'est fou le mauvais usage qu'on peut faire du mot « cœur ».) Un bref coup de fil compléta mon information ; en plus de cadre supérieur dans l'industrie, il était chanteur et rêvait de partager les joies de l'existence et la... lecture (comment fait-on pour partager la lecture, me demanda mon lutin ?).

Ses propos, cependant, semblaient totalement dénués de culture et le petit filet de voix de virilité.

J'étais sûre qu'il n'était pas libre comme il le prétendait et à peu près certaine du peu de véracité de ses propos. L'enquête discrète que je menai dans le domaine de la musique et du chant, qui est le mien, me le prouva.

Pour en avoir le cœur net, je le fis venir chez moi un début d'après-midi, après avoir prévenu mes voisins de palier au cas où les choses se seraient envenimées. J'ajoute que c'était la première fois que je recevais un correspondant chez moi.

Je remonte le temps et, sourire aux lèvres, vais rejoindre Gégé qui fera bientôt son apparition.

Le mi-bémol-si-naturel, du carillon me projette en scène. La porte une fois ouverte, nous voilà face à face. Moi, très « XVIe », l'air horriblement hautain, d'une élégance recherchée, le geste large, la voix bien posée, le babil de mise en route des grandes réceptions à la limite du supportable et lui, mi-na-ble, tel que je l'avais imaginé, l'intuition aidant (faites-lui confiance, elle est bien souvent précieuse).

Petit, famélique, il me fait penser au hareng de Prévert ; le cheveu rare, gras et raide, les yeux globuleux, un gros bouton niché au creux d'une joue, flottant dans un, costume grisaille d'après-guerre, fixant ses chaussures aussi ternes que lui-même, se triturant les doigts qui, quel dommage, ne serrent pas une casquette et, sur mon invitation à s'asseoir, jouant à un jeu d'équilibre de l'extrême bout des fesses sur le bord du divan. Je m'amuse déjà.

Il me fait l'effet de ne pas exister, de n'être personne et j'ai du mal à imaginer ses petites mimines se promenant passionnément sur « l'instrument de musique » lui procurant toute la gamme des sensations pré-citées.

Dans un silence lourd d'embarras du choix du premier qui parlera, j'ouvre le feu, sinon nous y serions encore, et le questionne.

J'apprends qu'il vend des papillons autocollants dans les garages, d'où son rang de cadre supérieur dans l'industrie et, qu'en fait de chanteur, il pousse sa romance les jours de fête avec un copain accordéoniste.

En voilà un qui, entre nous, se fiche vraiment du monde.

Ces précisions m'ayant ouvert l'appétit, j'attaque :

— C'est curieux, mais je jurerais bien que vous êtes marié.

Rougeur naissante sur le front et une petite voix articule :

— Oui, comme au confessionnal et, encouragée par le résultat, au culot, j'improvise :

— Et je parierais pour un ou deux enfants.

J'ai tapé dans le mille. Il lève la tête, l'étonnement

se lit dans ses yeux et pour se disculper, d'une voix à peine audible, explique :

— Vous comprenez, je circule beaucoup, je rentre tard. Ma femme, qui elle travaille dans un bureau, me fait mes comptes le soir après le dîner et lorsque nous nous retrouvons, heu... au lit, elle est trop fatiguée pour...

Là, je complète moi-même sa phrase :

— Pour se prêter à toutes les fantaisies dictées par vos phantasmes ?

— Oui.

Ben alors, en dessous de tout cette femme-là !

Levée à six heures du matin, préparant les enfants qu'elle mène à l'école, tapant à la machine toute la journée dans une pièce enfumée, retour à la maison, dîner des enfants, les coucher, nettoyer la maison, préparer le dîner du mari qui lui s'abreuve de télé, pantoufles aux pieds, laver la vaisselle, faire les comptes avec, comme bruit de fond, les « Dossiers de l'écran », préparer les casse-croûte du lendemain et, au bout du compte, n'être pas fichue de se montrer à la hauteur au dodo ?

Pauvre homme ! Et on s'étonne, vous vous étonnez sûrement, qu'il aille chercher une épaule consolatrice. Il y aura toujours des incompris.

En tout cas, en ce qui concerne celui qui me faisait face, j'ai eu une de ces envies de le consoler à coups de pied à l'endroit où il plaçait son esprit, que je pense qu'il l'a senti. Car au milieu d'un bredouillage lamentable, il a pris la poudre d'escampette sans demander... mes restes !

CHAPITRE IX

Les mythomanes : Martin

Avec l'expérience, j'ai appris que les réponses surprises, arrivant avec un mois de retard, sont rédigées par des correspondants que je diviserais en trois catégories :

— La première comprend les pierres qui roulent, obsédés du plaisir et souvent farceurs, ayant déjà jeté l'hameçon plusieurs fois et raté le poisson ;

— La deuxième, ceux de qualité rare que sont les idéalistes, très difficiles dans leur choix, à la recherche de l'absolu ;

— La dernière groupe ceux que je nommerai les incasables.

Martin faisait partie de la dernière.

Avec lui j'ai approché la folie et mesuré les risques encourus aux côtés d'un mythomane.

Ce sont de grands malades qui durant leurs moments de lucidité sont conscients de leur état et comptent sur le secret professionnel des médecins pour cacher jalousement leurs faits et gestes ; comme le fauve qui s'échappe de sa cage, c'est en dehors des maisons de santé qu'ils frappent et personne n'a le droit de nous en avertir ; on les enfermera à nouveau lorsque le mal sera fait.

Rien n'est plus normal, en apparence, qu'un mythomane. Lorsque vous le voyez pour la première fois, ne sachant rien de lui, vous n'avez aucune raison de soupçonner que tout ce qu'il raconte est faux. Il vous dira, par exemple, qu'il est divorcé, a deux filles et travaille à la S.N.C.F. Pourquoi pas ?

Or presque tout ce qu'il dit est faux, à 80 pour cent et seule l'authenticité des 20 pour cent restants est vérifiable.

L'histoire de Martin avait commencé le plus normalement du monde. Sa lettre isolée, la dernière de celles qui répondaient à mon annonce, avait attiré mon attention par la qualité profonde de ses propos.

L'écriture était celle d'un artiste qui, en plus, rédigeait intelligemment et dans un style sortant de l'ordinaire au charme certain.

Il avait le courage de me dire qu'il était immobilisé dans un hôpital de province, victime d'un accident cardiaque.

A cinquante ans, le bilan de ses épreuves était lourd :

Déporté en 1940 dans un camp d'extermination avec toute sa famille, il survit et revient en France, sa mère et ses quatre frères et sœurs ayant été exterminés. Il connaît ensuite la misère ayant choisi les Beaux-Arts pour lui apprendre son métier de peintre et se débat durant treize ans avant que la chance ne lui sourie. Lauréat d'un prix international de peinture, il connaît enfin la gloire ; des commandes importantes lui sont faites des quatre coins du monde, entre autres celles d'une maison royale, en plus de galeries de peinture renommées.

Joints à sa lettre, des articles faisaient foi vantant son talent et citant les prix remportés. On le voyait présentant son œuvre maîtresse : le portrait d'un illustre savant.

Nous avions alors échangé un courrier visant à nous

décrire le plus fidèlement possible. J'avais reconnu en lui un grand idéaliste et artiste d'une grande sensibilité, criant sa soif débordante d'aimer et d'être aimé. Ce n'était certes pas quelqu'un de superficiel. Il appréciait ce qui ne s'achète pas, les êtres désintéressés et les élans du cœur, toutes choses qui me touchaient de près. Son divorce l'avait laissé seul devant sa réussite et il voulait la partager.

Sa conquête épistolaire assurée, il n'avait eu aucun mal à me faire accepter qu'à sa première sortie il vienne me rejoindre.

Sur le quai de la gare où j'étais venue le chercher, je vis venir à moi la réplique de la photo qu'il m'avait envoyée avec, en plus, les signes d'une grande fatigue voisine de l'épuisement.

Le premier contact chaleureux, affectueux même, m'avait laissée sous le charme. Il était grand, mince, racé, avec de longues jambes et des mains fascinantes.

Son besoin de parler semblait évident et un flot de paroles répondait sans contrainte à toutes mes questions. Nous nous étions rapprochés à toute allure, l'attirance mutuelle ayant joué. Une seule ombre : son état de santé que j'avais jugé inquiétant et qu'il ne cachait pas.

Les quarante-huit heures passèrent trop vite. Il avait alors repris le train pour regagner sa chambre d'hôpital, une surveillance médicale constante étant impérative.

Durant quinze jours, des coups de fil bi-quotidiens m'avaient tenue en haleine m'informant de ses états d'âme, de santé, de ses projets d'avenir. Deux rechutes graves m'avaient ensuite alertée et j'avais réussi à obtenir du personnel hospitalier, très aimable, qu'il me tienne au courant de son état.

Cependant, au cours de ces échanges téléphoniques, j'avais relevé certaines contradictions.

Le premier fait qui éveilla mes soupçons eut trait à une voiture de luxe que Martin, vu son état, n'avait plus le droit de conduire. Il avait peur qu'on la lui prenne dans la cour de l'hôpital où il l'avait garée et voulait que je vienne la mettre en lieu sûr. Or personne n'avait jamais vu cette voiture et il semblait peu probable qu'il en fût propriétaire. Sur ces entrefaites, il m'avait annoncé son arrivée par le prochain train pour un nouveau séjour de quarante-huit heures. Je l'avais trouvé en meilleure forme physique et très amoureux. Une pirouette avait dissipé mon premier doute : c'était un fâcheux malentendu, voilà tout.

Il apportait des photographies de ses peintures et d'autres articles ; reproduisant en un tour de main un dessin de Trémois, il avait illustré de façon magistrale ses dons de dessinateur.

C'est en feuilletant le catalogue de ses œuvres que j'étais tombée sur une peinture signée de sa main qui m'était familière. Le lendemain, la lumière avait jailli : c'était bien d'une œuvre de Matisse qu'il s'agissait.

Avait suivi la ronde infernale des soupçons qui surgissent, des détails qu'on épluche et des preuves accumulées.

Il serait trop long et ennuyeux de vous les énumérer ainsi que de vous faire part des moyens employés pour confirmer ce qui m'était alors apparu comme une évidence : Martin était bel et bien, entre autres, un faussaire.

De fil en aiguille, sur un canevas de détective, j'étais arrivée à un terrible bilan de son passé. Il dépassait tout ce que l'on pouvait imaginer.

Le seul point impossible à éclaircir avait trait à sa déportation. Apparemment, aucun organisme n'a le droit de donner à quiconque la liste des anciens déportés. Or Martin n'avait pas de carte d'identification comme l'ont la plupart des anciens déportés.

Ce que j'avais découvert, en revanche, c'est qu'il avait été interné dans une maison de santé par les voies de la justice et, chose terrible, qu'un acte grave l'y avait conduit. Ayant fait le mur, après quelques années d'internement, il avait couru d'hôpital en prison suivant les impératifs du moment, intercalant larcins et escroqueries lorsque sa santé le lui permettait.

Les articles de journaux, les commandes royales et les lauriers, tout cela était faux comme la plupart de ses peintures.

Je ne pense pas, cependant, qu'il était responsable de ses faits et gestes.

Martin vivait dans un monde à part et le décrivait avec un tel accent de sincérité qu'on ne pouvait pas ne pas le croire. Y étaient mêlés sa maison en Grèce plantée dans le sable, la cohabitation avec les tortues et les oiseaux, sa fortune qui lui permettrait de rembourser les nombreux emprunts contractés, dès que le mandat international lui serait parvenu, les grands peintres, ses amis, les chanteurs dans le vent, ses intimes, son succès, sa Mercedes, les contrats avec les grandes galeries d'art lui assurant des revenus importants pour les vingt années à venir, etc., etc.

Tous ces rêves devenaient réalité autant de fois que cela lui était nécessaire et ses mensonges, en somme, étaient sa vérité.

Le temps de découvrir le pot aux roses et j'avais été plumée comme un dindon. La pilule de la désillusion avait été d'autant plus difficile à avaler que j'avais accepté d'avoir l'épée de Damoclès suspendue au-dessus de ma tête après avoir partagé idéal, élans et enthousiasme.

Fort heureusement, à tant de déceptions avait succédé l'immense soulagement du danger écarté.

Vous vous demanderez peut-être si cette cruelle expérience m'a laissé des traces et si je regrette d'avoir été confrontée à de tels problèmes.

A cela je vous répondrai que tout coup de couteau laisse des cicatrices, mais qu'on ne peut regretter d'avoir donné un peu de chaleur humaine à ceux qui en ont toujours manqué et en apprécient les moindres parcelles. On donne bien à manger à ceux qui ont faim. Martin avait reçu de la vie ce cadeau empoisonné qu'est la folie et se nourrissait des miettes d'amour déposées dans l'escarcelle de la pitié. Or je n'aime pas la pitié…

Je n'ai pu oublier l'intensité d'émotion qui se lisait dans ses yeux lorsque, dans ses moments de lucidité, il disait merci pour tout et pour rien, le répétant dix fois pour en souligner la valeur ; pas plus que son regard lourd de désespoir appelant au secours avant de retourner aux antipodes de la raison.

Me sont revenues en mémoire les prévisions d'avenir peu optimistes émises par un de nos grands chercheurs : lorsque le cancer sera vaincu, lui succédera un autre mal tout aussi terrible, qui a déjà fait son apparition : la folie.

Des deux, lequel choisir ?…

CHAPITRE X

Les perturbés : Fernand

Il était sculpteur sur bois.

Fernand avait joint à sa lettre un article : ses œuvres avaient plu à un journaliste de la presse locale qui y vantait son talent et son originalité.

A sa demande, j'avais téléphoné ; il était difficile à comprendre malgré un débit très lent, mais puisque nous étions sur un terrain d'entente et qu'il désirait que je lui envoie une photo, ce serait chose faite au prochain courrier. Etant artiste et sculpteur, il me disait attacher une grande importance à l'aspect physique, ce qui était, ma foi, bien légitime.

Son jugement me parvint quelque temps après dans une lettre ornée d'expressions poétiques.

Il commençait par me dire : *Tout me plaît en vous sur cette photo qui n'est pas posée... Quand on voit le poignet, le bras se devine* — Assertion que je n'avais pas bien comprise puisqu'on voyait le bras. Suivait un épluchage millimétrique de ladite photo et un flot de paroles un peu trop flatteuses. *Nous sommes de la même race,* disait-il, *entrés dans la vie active, nous avons fait le désespoir de nos parents en refusant la facilité de la carrière qu'ils nous avaient préparée.* Je ne voyais pas très bien où il avait pris ça chez moi, mais enfin... Il terminait par ces vers :

Je suis, ma chère Michette, votre humble serviteur,
Et j'espère, en secret, que j'aurai le bonheur
De baiser à genoux l'ourlet de votre jupe
Et que, de vos attraits, je ne serai pas dupe !

Là-dessus il me demandait un rendez-vous et m'embrassait déjà !

Dans un post-scriptum, il m'expliquait qu'il avait perdu sa femme, artiste-peintre, voilà bientôt cinq ans ; l'adoration qu'il lui avait vouée rendait sa solitude encore plus pénible.

Quelle est la femme capable de rester insensible aux propos galants ? Pas moi, hélas ! Le fait que Fernand avoua son attirance, sans pour cela être dupe de mes charmes, ne manquait pas de piment et, de plus, personne n'avait encore, à genoux, baisé l'ourlet de mes jupes !

Je m'étais donc rendue à l'adresse indiquée avec, bien entendu, une jupe romantique me battant les mollets. Il faisait beau, un soleil éclatant rehaussait la splendeur des arbres en fleurs et comme Fernand se cachait dans un charmant village aux alentours de Paris et m'avait décrit une villa au milieu d'un grand jardin entouré d'arbres fruitiers, j'étais partie la tête un peu folle, vivant déjà dans mon imagination cette romantique partie de campagne. J'y avais mêlé mille parfums de fleurs et d'herbe coupée avec, comme seuls témoins de nos confidences, les oiseaux, les abeilles et le vol des nuages.

Arrivée au village qu'il m'avait décrit, j'avais commencé par tourner en rond un certain temps avant de trouver la petite allée dont le nom était gravé sur une planche en bois à moitié envahie par les liserons. Restait à chercher le numéro 14 qui logiquement devait se trouver entre le 12 et le 16. N'y voyant qu'une petite barrière derrière laquelle trônait une horrible cabane de romanichels plantée dans un terrain vague, intriguée, j'allais pousser mes investigations plus loin lorsqu'une voix puissante avait crié : « Hou, hou, Michette, c'est ici. »

C'était celle de Fernand.

Je le revois encore tel que je l'aperçus en me retournant.

Il vint vers moi, se traînant, suivi d'un énorme mouton couleur isabelle et, arrivé à ma hauteur, me déshabilla du regard un demi-sourire aux lèvres.

Je suis obligée de dire « demi » parce que le premier regard révéla les ravages causés par une hémiplégie. S'y ajoutaient les traits prématurément creusés de ce visage de 60 ans dont l'inégale mobilité, mais surtout les yeux vagues, ne présageaient rien de bon.

Très peu de cheveux, les paupières recouvrant presque complètement des yeux bruns surmontés de sourcils broussailleux, moustache poivre et sel ; grand, de très belles mains, de l'allure et de la distinction, handicap mis à part.

Durant cette première analyse visuelle, je fus en même temps assaillie par une odeur épouvantable qui se dégageait de tout son être, mélange d'essences corporelles concentrées et de relents de bergerie.

Il m'accueillit en disant : « Vous êtes trop grande, mais ça ira. »

La première surprise passée, je m'empressai de lui dire que j'étais venue à sa rencontre afin que nous puissions voir s'il y avait attirance réciproque et qu'après avoir échangé nos impressions et écouté ce que nous avions à dire, nous nous devions la vérité.

Ce à quoi il me répondit que pour lui c'était tout vu et que « l'affaire était conclue », puisque d'emblée il avait reconnu en moi la femme qu'il attendait.

Il y a des moments où un petit signal rouge, signifiant danger, s'allume dans ma tête. Ce fut le cas et je fus prise d'une irrésistible envie de fuir, de sauter dans ma voiture et de le planter là.

Je ne le fis pas, par pitié, je l'avoue.

Cet homme cachait sous son air autoritaire, faussement viril, à la fois une montagne de complexes et une grande détresse. Puisque j'avais parcouru tous ces kilomètres et que, plein d'espoir, il m'avait attendue, le moins que je pouvais faire était de tenter de le comprendre et peut-être de l'aider. Je ne me sentais pas le droit de le descendre en flèche.

Vous me direz qu'il y avait un risque, certes, mais n'en étais-je pas toujours sortie indemne quelle que soit la situation ?

Ma décision prise, j'empruntai le pas derrière mon hôte en direction de la « villa », toujours suivie d'Anatole qui à présent bêlait sur deux notes enrouées en guise de bienvenue.

Dans cette masure de bidonville, au son inquiétant que rendirent les planches pourries et mal ajustées de la terrasse, je m'attendis à tous moments à passer au travers.

Poussée plus que priée d'entrer dans la salle de séjour, je fus assaillie par une odeur épouvantable qui me prit à la gorge ; nous étions également dans la bergerie puisque ce quadrupède, à l'affection débordante, s'y promenait à son gré.

Je m'assis avec réticence sur le sofa tous usages dont le couvre-pieds aux couleurs indéfinissables était parsemée de touffes de laine, de miettes de pain et de mégots. Et en attendant le pastis offert par Fernand, je détaillai à loisir cette pièce unique en son genre.

Sur les murs presque entièrement recouverts, des tableaux de toutes dimensions, huiles, aquarelles, dessins, encres de Chine, quelconques ou assez laids.

Partout un fouillis indescriptible : sur une étagère, mon regard fut attiré par quatre mains en plâtre identiques, les unes à côté des autres, décorées de bagues, anneaux, bracelets et montres. J'appris plus tard que c'étaient des souvenirs de sa femme et l'empreinte mortuaire de ses mains, révélation morbide qui me donna le frisson.

Après un déjeuner très arrosé, commandé à l'avance dans l'unique bistrot du village où les regards des curieux du cru ne perdirent aucune miette de son déroulement, nous retrouvâmes le terrain vague, Anatole et sa cabane.

L'après-midi se passa sur les marches du perron, seul endroit aéré et à peu près confortable d'où je refusai de bouger puisque, de là, j'apercevais la silhouette rassurante de ma voiture. Je me vis forcée de l'abréger assez vite, le vin ayant renforcé la hardiesse de mon hôte qui disparaissait toutes les dix minutes pour s'en servir un verre.

Il m'expliqua qu'il cherchait en somme la réplique de sa femme avec, en plus des qualités, beauté et santé. Il appuya ses discours de tentatives de rapprochement que je décourageai en me glissant sur la marche du dessous et inversement arrivée en bas.

Lorsque, mal à l'aise, je tentai de lui faire comprendre qu'aucune femme ne vivrait volontiers ici dans ces conditions, sa réaction devint brutale et dans un jet qui sentait la vinasse, il me cria qu'il m'y forcerait comme d'accepter ses avances !

Je compris alors que le chagrin, la maladie et le vin avaient en partie détruit sa raison.

Et, pour ne rien vous cacher, je pris peur et le quittai sur-le-champ, devançant son idée fixe qu'il suivait en me poursuivant d'un pas incertain.

En proie à la barrière difficile à ouvrir, je dus déployer toutes mes forces pour dénouer deux bras vigoureux s'efforçant de m'étreindre. Il ne me suivit cependant pas, Dieu merci, un reste de raison ayant sans doute fait surface.

Le lendemain, je lui écrivis un mot. En le projetant dans la réalité, j'espérais l'aider à rendre sa solitude moins irrémédiable. Mais l'ai-je pu ?...

CHAPITRE XI

La Saint-Sylvestre des célibataires

Depuis que résonne dans mes oreilles le glas de la solitude, je regarde d'un mauvais œil les équipes de techniciens chargés de la décoration des grands magasins qui vous attendent, en fin d'année, dans leurs rayons du prêt à fêter.

Que peut-on bien fêter quand on est seul ? Oui, bien sûr, sa liberté, mais encore ?

L'évocation du mot « réveillon » me plonge, chaque année, dans une profonde mélancolie. Je voudrais, dans les derniers jours de décembre, faire comme les marmottes : m'endormir pour me réveiller avec l'an neuf.

Une année, j'avais décidé d'aller me noyer, coûte que coûte, dans un groupe de fêtards afin d'oublier pour quelques heures qui j'étais.

J'avais atterri dans un club qui parlait d'amitié et de distraction en commun. L'araignée qui en était le cerveau attirait dans sa toile au moyen d'alléchantes promesses les rongés par la solitude.

Avec un côté bon enfant, du moins en apparence, il

garantissait la rencontre entre gens de même milieu, aux goûts similaires.

Vendre du vent est un art. Huit jours avant Noël, on me l'avait vendu à un prix défiant toute concurrence et pour une période d'essai de trois mois. A la somme déjà rondelette s'étaient greffés les trois cents francs donnant droit au réveillon. Mais aussi quel réveillon et quelle organisation, j'en rêve encore !

En fin d'après-midi, deux autocars devaient transporter aux alentours de Paris, au lieu prévu pour les réjouissances, quelque cent princes charmants et cendrillons.

Je m'étais fabriqué une attitude de circonstance pour retrouver le groupe joyeux auquel je devais me joindre ; mais au lieu de rendez-vous, je l'avais vainement cherché.

De son côté, un célibataire, plombier de son état, en avait fait autant. Durant un laps de temps qui me parut fort long, nous avions fait les cent pas pour éviter l'engourdissement par le froid, nous épiant du coin de l'œil. Une méchante pluie s'étant mise à tomber, nous nous étions d'abord questionnés du regard, verbalement ensuite, pour découvrir que nous faisions bien partie du même troupeau.

Mais de berger, point, ce qui nous décida d'un commun accord à aller le chercher au siège du club.

Trois autres moutons en détresse s'y morfondaient, assis par terre, faute de mieux. Les autocars étant partis voilà déjà deux heures, il s'avérait que nous étions victimes de l'erreur de frappe figurant sur nos convocations.

Coup de fil, va-et-vient dans un frou-frou de taffetas noir et signes de grande agitation de la part de notre convoyeuse en proie à une désagréable mauvaise humeur. Une heure plus tard, nous nous étions retrouvés serrés dans la voiture d'un adhérent pour rejoindre la procession infernale des autoroutes.

Mais puisque, après tout, nous étions bien là pour nous distraire, la bonne humeur avait repris le dessus et transformé ce voyage peu confortable en joyeux prélude au réveillon à venir.

Deux heures plus tard, des lumières étaient enfin apparues dans la nuit noire. A l'approche du palais de Cendrillon nous avions poussé un grand cri de joie : la fête pouvait commencer.

Oui, mais pas tout de suite...

Nous attendait d'abord un amusant jeu de société. De petits bungalows à l'usage des adhérents nous avaient groupés trois par trois, femmes d'un côté, hommes de l'autre, comme dans les colonies de vacances. Avait alors surgi le casse-tête du bungalow à localiser : le A3 en face du F6, troisième chemin à gauche, puis quatrième allée en biais près du bois de bouleaux, derrière les trois sapins. La course au trésor du petit louveteau dans la quasi-obscurité des chemins boueux !

Comme dans les gags des Marx's Brothers, j'avais croisé une ou deux fois mes compagnons de route et nous y serions peut-être encore si un aimable nain encapuchonné ne nous avait prêté sa lampe de poche.

J'avais enfin rejoint deux charmantes mères célibataires dans ma cabane au Canada et par un froid de canard nous avions fait le maximum pour être, ce soir-là, les reines de la nuit.

Sous une pluie battante, narguant la pneumonie, nous étions partis à la recherche de l'auberge illuminée, en robes du soir vaporeuses et bottes, le parapluie d'une main et les sandales dorées de l'autre.

Quel merveilleux spectacle nous attendait : à des tables de quatre, des femmes de tous âges poudrées de morosité se dévisageaient sans oser se parler, tandis que les hommes, assis un peu plus loin, semblaient attendre qu'un déclic se produise pour aller les rejoindre. Sans l'effervescence d'un groupe d'habitués, on eut pu penser qu'un sort maléfique avait frappé l'assistance réduite au silence.

Un nuage lourd d'ennui se promenait entre les étoiles de papier de toutes les couleurs et les banderoles argentées. On attendait, comme dans les files de cinéma, que sonnent les onze coups annonçant l'ouverture de la chasse aux places réservées pour le dîner de réveillon. Pas un verre de bienvenue, ni de mise en train pour secouer cette léthargie collective. Je suppose qu'une telle dépense aurait mis en péril l'équilibre financier du club.

Un cri de ralliement avait alors réveillé les belles dames du musée Grévin et chacun était parti à la recherche de la place qui lui avait été attribuée.

Le chassé-croisé, dans une pagaille invraisemblable, avait permis aux petits malins d'intervertir les papiers sur lesquels étaient griffonnés les noms. C'est ainsi que j'avais commencé la soirée, entourée de femmes dont la déception se lisait déjà dans les yeux.

Et puisqu'il fallait manger, nous mangeâmes. L'apéritif versé au compte-gouttes n'avait pas réchauffé l'ambiance, mais une voix courageuse avait tenté le tout pour le tout en lançant un « Frères Jacques », qui était aussitôt tombé à plat du haut de son clocher.

C'était la mise en route, ô combien inattendue, de l'équipe d'animation ; elle allait nous tenir en haleine la nuit durant. D'ailleurs, l' « araignée » m'avait mis l'eau à la bouche en me brossant l'éventail de leurs activités.

Je leur dois, entre autres, d'avoir ajouté à mes connaissances celle de la pratique du jeu du coussin. Si vous ne savez pas de quoi il s'agit, je m'en voudrais de vous abandonner sans vous avoir décrit ce jeu passionnant :

Les participants forment un cercle en se donnant la main et chantent, en tournant, un air exaltant du genre « Meunier tu dors... » ; la créature isolée au centre vient alors chercher la personne de son choix et ils auront tous deux le privilège d'échanger, à genoux sur le coussin, le baiser de paix, dosé selon les tempéraments et le degré d'alcoolémie : c'est un jeu passionnant !

Il a le grand avantage de faire sauter aux participants la barrière du temps pour les replonger au cœur de leurs jeunes années ; je me demande encore pourquoi je n'avais eu aucun succès en proposant colin-maillard et chat perché ?...

Le dîner s'était étiré jusqu'à près de deux heures du matin, entrecoupé d'interventions de l'orchestre, de valses ou de cha-cha-cha, ce qui était à vrai dire une idée géniale : personne ne s'étend sur la médiocrité d'un plat lorsqu'on l'invite à danser. Mais encore fallait-il avoir cette chance !

Après un rapide calcul, plutôt que d'arracher l'homme que devaient se partager quatre autres femmes, j'avais préféré me libérer du poids de l'ennui en soliste, arpentant la piste en proie à la plus grande fantaisie.

C'est incroyable ce qu'il y a d'hommes qui ne dansent pas. Ce soir-là, cependant, leur apathie m'avait parue franchement indécente : trois hommes assis faisaient bâiller douze femmes...

C'est ainsi que bon nombre d'entre elles avaient chiffonné leur belle robe sur une chaise, une grande partie de la nuit. Elles ne s'étaient levées que pour aller se coucher après avoir bu l'unique coupe de champagne en l'honneur de l'an neuf.

Loin de moi l'idée d'en accuser pour autant l'équipe d'animation qui, d'heure en heure, s'était surpassée. Plus de dix fois le jeu du coussin était revenu sur le tapis de banderoles tombées du plafond ; ne ménageant aucun effort, elle avait été jusqu'à distribuer cotillons et serpentins.

Aux petites heures du matin, la dégustation d'une soupe à l'oignon à l'aspect d'eau usée avait mis un terme à cette nuit folle ; quelques heures de sommeil bien mérité y avaient fait suite.

C'est fou ce que vins médiocres et ennui combinés peuvent donner mal à la tête.

Au réveil, mes compagnes d'infortune et moi-même avions trinqué à coups d'Alka-Seltzer, relatant les moments les plus frappants de cet inoubliable réveillon. Aucune de nous ne se sentant le courage ni l'envie de remettre les pieds dans ce genre d'organisation, restait à surmonter la sensation désagréable d'avoir été plumé.

Ceux qui ont croisé l'autocar nous ramenant à Paris ont dû être frappés à la vue des figures d'enterrement collées à ses vitres. Chacun s'était renfermé sur soi avant de regagner, plus que jamais solitaire, sa prison de silence.

La pluie, elle, n'avait pas cessé de tomber.

CHAPITRE XII

Les givrés : Philippe

Il n'y a pas si longtemps, on pouvait dire de quelqu'un qui sautait à cloche-pied, tout nu, les doigts dans le nez, en pleine circulation au rond-point de l'Etoile, qu'il était anormal. Plus maintenant, c'est fini, ce n'est plus le terme qui convient. On dira : il est différent, un point c'est tout.

Cependant la liberté d'expression est une chose qui existe encore et il faut en profiter. J'emploierai donc mon propre vocabulaire. Pour varier, en parlant des « givrés », je dirai qu'ils ont soit un coucou dans le clocher, du brouillard dans la tour de contrôle ou des perturbations dans l'ordinateur.

Philippe entrait dans cette dernière catégorie. Il avait dans le cerveau une machine à mélanger ; aux moments les plus inattendus, il en jaillissait des surprises, comme du chapeau d'un prestidigitateur.

Sa lettre ne disait rien de particulier. Mon annonce avait retenu son attention, il était idéaliste et, n'accordant de vraie valeur qu'aux entrevues, il proposait une rencontre afin de compléter sa description. Il avait

55 ans, était grand, grisonnant moderne... et industriel.

Au téléphone, je l'avais trouvé original et amusant avec sa petite pointe d'accent qui m'intriguait. J'avais donc accepté son offre d'aller prendre ùn verre chez lui avant son invitation à dîner dans un restaurant de son quartier.

On m'a souvent reproché de me rendre trop facilement aux rendez-vous chez « l'habitant », en soulignant le danger qu'il y avait à se trouver enfermé dans la cage au loup. S'il y a du vrai, je dirai cependant pour ma défense qu'il n'est pas de meilleure façon de voir les gens tels qu'ils sont. La force de l'habitude révèle par de petits détails ce qu'ils s'efforcent de cacher. De plus, l'atmosphère ambiante, le décor sont souvent éloquents. Les hommes séparés ou divorcés laissent presque toujours l'appartement à la femme qu'ils quittent. Leur nouvelle installation est donc bien le reflet d'eux-mêmes.

Pour ce qui est du danger, j'ai quelques tours dans mon sac, mais les garde pour moi et les cas d'urgence. Un aimable correspondant vient d'en ajouter un à ma liste ; j'ai pensé qu'il pourrait un jour vous être utile.

Avez-vous déjà essayé d'empoigner un élément perturbateur par-derrière, en prenant d'une main le bas de son pantalon et de l'autre un pan de veston pour lui faire goûter la poussière ? Il paraît que le résultat est surprenant ; le temps qu'il vous aura fallu pour gagner l'ascenseur ne lui suffira pas pour se relever et aller chercher le tube d'arnica dans sa pharmacie.

Avec Philippe, je n'ai heureusement pas dû aller jusque-là. Son appartement faisait partie d'un groupement d'immeubles nouvelle vague de grand luxe.

La fée automatisme m'avait conduite dans les nues des étages supérieurs et, au son de la sonnerie céleste, un ange m'ouvrit la porte — du moins je le suppose, car je ne vis personne avant d'être tout à fait entrée.

Lorsque la porte se referma brusquement, je tombai littéralement dans les bras de mon hôte.

Il me déplut d'emblée : le regard fuyant, un sourire ironique en permanence au bord des lèvres, il se faufilait plutôt qu'il ne marchait, glissant comme une anguille.

Costume prince de galles très près du corps, chemisier soyeux couleur pastel et au doigt une chevalière ornée d'un gros brillant.

Il devait être d'origine roumaine, mais ne voulut pas se confier et se prétendit français, un point c'est tout.

Sur le sofa noyé sous les coussins où il me pria de le rejoindre, la mise en route de la conversation s'accompagna de travaux d'approche étudiés, de gestes collants et de paroles mielleuses à souhait :

« Oh ! les belles mains, donnez-les moi ! » (baisemain prolongé suivi d'un rapprochement de dix centimètres).

« Chère amie, j'ai l'impression que vous perdez votre collier » (quelques centimètres supplémentaires).

« Si je vous intimide, venez contre moi, vous fermerez les yeux et nous pourrons parler en toute quiétude... »

Du coup, je me levai pour aller admirer la vue qu'encadrait sa baie vitrée. Il en profita pour mettre un disque préparé d'avance. La présence de Mozart me réconforta un instant et je m'approchai pour jeter un coup d'œil sur sa discothèque ; je n'y vis aucun autre exemplaire de musique classique. Aurait-il emprunté de quoi meubler avantageusement le fond sonore, déguisant ses goûts pour l'occasion ?

Au bout d'une demi-heure d'échanges de points de vue, il s'avéra que nous n'avions ni les mêmes goûts, ni la même façon d'envisager l'existence. A un moment donné, le sujet adroitement jeté dans la mêlée, nous en vînmes à sa principale préoccupation qui était, quoi de plus actuel, le sexe. Et puisqu'il fallait en parler, nous en parlâmes.

Philippe s'avéra être un mordu (sans jeu de mots...) des « partouzes ». Il promenait son anatomie dans ce théâtre des variétés et jouait sans relâche. Pour lui, il n'y avait pas bêtement deux sexes en présence, mais tout une gamme intermédiaire dont il fallait savoir distiller les subtilités.

Sa déception fut grande lorsqu'il apprit que je faisais partie des insensés qui trouvent leur équilibre dans l'insipide vie à deux : se contenter d'un partenaire était d'une pauvreté...

Mais alors que cherchait-il en dehors de l'apport d'une luronne supplémentaire pour ses soirées folles ? Il me le dit : un objet de passion, le grand et terrible amour !

J'avoue que je ne m'étais pas attendue à de telles révélations. Allions-nous, cette fois, nous rejoindre ? Eh bien non ! car pour être valable, il ne fallait en aucun cas que ce sentiment soit partagé. D'après lui, c'était un poids insupportable que d'avoir à subir les sentiments de l'amour en retour, ils devaient rester à sens unique. Quant aux débordements affectifs, pouah ! quelle horreur, quel manque de dignité !

Je commençai à trouver qu'il y avait du bizarre dans l'air. Le point culminant se situa lorsqu'il me fit remarquer que la plupart des hommes manquaient totalement d'éducation dans les relations sexuelles. L'éducation la plus élémentaire voulait que l'apothéose du jeu amoureux reste du domaine de l'intimité individuelle. Seuls les miroirs de la salle de bains devaient être témoins de ce laisser-aller ; toute dérogation à cette règle prouvait un manque total de dignité.

« Tenez, c'est comme manger : n'y a-t-il rien de plus vulgaire que d'ingurgiter des aliments ? »

Il n'allait certes pas imposer à une femme quelle qu'elle soit le désagrément d'un vis-à-vis qui mastique et avale. Tout fonctionnement corporel était, selon lui, des plus abject et déshonorant ; en parler était déjà une forme d'indécence.

Du coup, il semblait hors de question que je lui demande l'usage des toilettes — il devait sûrement s'en passer.

Tout cela fit qu'à dix heures du soir, j'entendis les appels désespérés de mon estomac affamé que je n'avais pu satisfaire. Car Philippe m'avait invitée à dîner, d'accord, mais c'était un test, m'avoua-t-il, pour voir si j'étais comme bien d'autres (beaucoup d'autres) bassement terrestre.

Il était temps que je parte. D'abord, je naviguais en eau trouble, ensuite en bonne épicurienne, moi, je mangeais et buvais avec beaucoup de plaisir.

Je le quittai en lui souhaitant un manque d'appétit permanent et, pour l'avenir, une passion dévorante à sens unique. Je faillis employer le terme « amour et eau fraîche », mais me ravisai puisqu'il sous-entendait la fonction (oh combien indécente !) de boire.

Au fait, j'y songe à présent : aurais-je rencontré sans le savoir un extra-terrestre ?

CHAPITRE XIII

Les phallocrates : Gérard

La logique voudrait que les solitaires des deux sexes du petit monde des annonceurs soient sur le même pied d'égalité, que l'acceptation ou le refus fassent partie du jeu, indifféremment dans les deux camps.

Or tous ne l'entendent pas ainsi.

Gérard illustrera parfaitement l'état d'esprit de ceux qui veulent faire de nous, les femmes seules, de pauvres petites choses soumises, tremblantes d'anxiété, passant des nuits blanches à attendre le verdict du seigneur qui fera son choix parmi ses nombreuses vassales.

Sa lettre, assez brève, garantissant affinités et goûts communs, mentionnait sa vive attirance et son désir de me rencontrer dans les plus brefs délais.

Ce qui fut désiré fut fait. Gérard apporta une bouteille de champagne que nous dégustâmes chez moi.

Je ne fus attirée par lui ni physiquement ni autrement. On lisait la dureté et un certain mépris sur ce visage qu'aucun charme n'adoucissait ; un regard cinglant jugeait autrui avec un sentiment de supériorité.

Le sourire absent, le manque de chaleur banissaient toute promesse de tendresse. A vrai dire, promesse de rien d'autre qu'intelligence et position sociale chez ce « self made man ».

S'y ajoutait l'empâtement glané au cours des nombreux banquets imposés à la fois par son grade de directeur de société et l'appartenance à un groupement politique.

Un gilet trop serré tentait de dissimuler avec naïveté un gonflement prononcé qui me fait toujours penser à un quatre-quarts levant au four.

Les coupes à peine vidées, nous nous quittâmes sans que rien d'important ne soit dit ni ébauché, avec la courtoisie de la réserve et, de sa part, la promesse d'un coup de fil dans les vingt-quatre heures.

Notre rôle d'annonceuse comprend également des corvées : celle qui consiste à dire non à celui qui voudrait s'entendre dire oui en est une.

En ce qui concerne Gérard, j'avais préparé dans ma tête un petit discours parant à toute éventualité, destiné à faire passer en douceur la pilule de la désillusion. Je n'eus pas à m'en servir.

Une dizaine de jours plus tard, son coup de fil me prit à la gorge lorsqu'il me tint un discours percutant duquel je vous ai extrait quelques tirades : « Je vous téléphone, Madame, pour vous dire que vous n'êtes pas du tout mon type (vlan). De plus, j'aime les femmes silencieuses, effacées, se pliant à une certaine autorité. Ce qui me mène à vous signifier que je ne peux, hélas !, vous donner votre chance. »(!)

Pleure, ô femme infortunée, cet homme n'est pas pour toi… La première réaction de surprise de l' « incroyable mais vrai », une fois passée, il monta du fond de mes entrailles une rage bleu foncé qui transforma totalement la teneur des propos initialement imaginés.

Je lui fis tout d'abord remarquer que pour donner ou ôter une « chance », il faudrait que la personne à laquelle elle s'adresse, ait envie de la prendre, ce qui n'était pas le cas. Et puisqu'il avait pris soin de m'aiguiser les dents, je ne pris pas de gants pour lui décrire mes états d'âme. La balle rebondit dans son camp pour lui faire savoir que s'il avait lancé l'allumette de la séduction, le feu n'avait pas pris. Aussi étonnant que cela puisse paraître, cette idée n'avait pas effleuré Gérard : il fut surpris.

Je terminai cet entretien par une requête destinée à préserver la trop grande sensibilité de certaines correspondantes. Avec de tels propos, celles qui n'avaient pas encore réalisé qu'on ne peut plaire à tout le monde plongeraient dans les gouffres du désespoir, ne s'aimeraient plus, se trouveraient moches ; il allait faire naître une horde de complexées que les miroirs n'arriveraient pas à consoler.

La vérité ne blesse que les orgueilleux et les imbéciles.

Je découvris que Gérard n'était aucun des deux. Il apprécia ma sincérité et moi, son intelligence.

Je reçus un petit mot, quelques jours plus tard : il me remerciait d'avoir éclairé sa lanterne et me gardait son amitié.

Du coup, j'effaçai de ma mémoire ses propos maladroits et... le quatre-quarts.

CHAPITRE XIV

Les « joly cônes » : Jehan

Avez-vous déjà dégusté à l'entracte des séances cinématographiques ce qu'on appelle des « joly cônes » ? Ces appétissants cornets de crème glacée entourés d'un joli papier me font penser à Jehan. Voilà, du moins, l'image qu'il m'a laissée.

Il faisait partie de ces hommes dont on dit qu'ils sont beaux dans le sens strictement décoratif. Ses traits agréables à contempler alliés aux lignes harmonieuses de ce grand corps d'allure sportive formaient un tout auquel j'avais été sensible.

Mais à l'intérieur de l'enveloppe, tout était glacé. Lorsqu'il vous parlait, aucun courant ne passait, la communication ne se faisait pas et l'on était graduellement envahi par ce froid qui émanait de sa personne. Tel un magicien maléfique, un sourire givrant aux lèvres, il transformait chaleur et élans d'autrui en pluie de grêle.

Son cas, heureusement assez rare, présentait une anomalie : de même que certains individus ont le cœur placé à droite, chez lui il était inexistant.

Je m'étais demandé comment il pouvait bien faire

pour vivre sans et m'étais désespérée à le trouver totalement absent. Avec un entêtement de chercheur, j'avais attendu de réunir toutes les preuves avant de conclure.

Et cependant, dans les deux lettres reçues à un an de distance, Jehan se disait idéaliste, sensible et affectueux. Il disait aussi qu'il était ingénieur, divorcé et distingué et mettait en évidence ses biens immobiliers.

Le premier rendez-vous s'était mal passé. Dans le hall d'hôtel, il avait parlé d'un air absent, de façon mécanique comme lorsqu'on récite une leçon bien apprise et ennuyeuse ; ses épaules m'avaient semblé chargées du poids d'un nombre effarant de rencontres.

Sans penser à offrir le verre de la détente, il avait ensuite guetté dans mes propos l'apparition d'une fortune importante qui ne vint jamais — et pour cause — dévoilant par là-même le but de sa recherche.

Il m'avait quittée avec l'indifférence de celui qui vous a déjà rayé de sa liste et oubliée en tournant le coin de la rue.

Un an plus tard, à ma grande surprise, j'avais trouvé dans mon courrier une lettre dont l'écriture et le style me rappelaient quelque chose. Certains termes avaient néanmoins changé ; l'ingénieur au lieu d'être conseil était commercial et les maisons secondaires avaient disparu.

En le revoyant, il s'était avéré que je ne lui avais laissé aucun souvenir puisqu'il ne m'avait pas reconnue.

Jehan n'avait visiblement pas trouvé l'âme sœur et, à la suite d'aventures décevantes et peu fructueuses, semblait douter du succès de son entreprise.

Est-ce cela qui lui fit changer d'optique ? Toujours est-il que je partageai quelques moments isolés de sa vie. Quand je parle de partage, à vrai dire je m'égare. Jehan ne partageait rien et gardait tout pour lui-même.

J'appris l'existence du sourire qui ne s'adresse qu'à

soi et souffris du mépris que lui inspirait toute action désintéressée.

L'absence de situation qu'il dissimulait maladroitement me parut manifeste et je ne cherchai pas à faire jaillir de l'ombre des révélations que je pressentais sinistres.

Et je cheminai aux côtés de snobisme, puissance de l'argent et vice à n'en point avoir.

Chose curieuse, Jehan qui, à l'entendre dire avait été bafoué dans la profondeur de son amour par une femme, sa femme, que seuls l'argent et les relations dorées intéressaient, mettait tout en œuvre pour retomber dans le même piège.

Il aimait, lui aussi, briller des feux du succès superficiel glané dans le sillon des mondanités. Il avouait, non sans une certaine fierté, comme s'il s'était agi d'une qualité rare, qu'il était cabotin. Sa rancœur coulait à flots depuis que son divorce et la perte de sa situation l'avaient exclu, voilà quelques années, des assemblées du Tout-Paris.

Je ne pus lui servir à réintégrer la vie prospère ni sa place dans le rang des parades qui, de toute façon, ne m'intéressaient pas et dont je n'avais que trop connu le scintillement dangereux, éteint au moindre coup de vent ; j'estimai d'ailleurs que ce n'était pas mon rôle.

J'appris qu'on ne part pas en guerre contre les forces de l'argent avec des sentiments : ma défaite fut totale et l'approche du vide me donna le vertige.

Si j'acceptai mal le déguisement de la vérité c'est parce qu'il me parut indécent de voir accrocher au bout d'une ligne l'appât des qualités morales et affectives à seules fins de remonter l'or du fond de l'eau.

Il oublia un jour, puis les autres jours, de me téléphoner et s'en alla pêcher ailleurs.

Si vous me dites n'être pas poisson à mordre à tel hameçon, j'essaierai de vous croire, mais ne m'en veuillez pas si j'esquisse un sourire.

CHAPITRE XV

Le mi-yogi : Jean

Je dis « mi » parce que Jean était à la fois un enragé du yoga et un épicurien, curieux mélange très friand de chère et chair, ascète amélioré et rembourré à la limite de la surveillance.

Sa lettre tiède parlait de veuvage, de quinze ans de vie heureuse... sans enfant, de maîtrise de soi et de santé inattaquable dues à la pratique du yoga. Il y effleurait les plaisirs de la vie, de l'amour, des bons restaurants et, mine de rien, y casait sa maison de campagne.

J'avais répondu avec beaucoup de réserve, mais il éprouva quand même le besoin de me téléphoner.

« Allô, Madame X » ?

La voix, comme l'espion, venait du froid. Présentation monocorde, glaciale, suivie d'un questionnaire quasi médical ; au fur et à mesure qu'il creusait ma vie privée, je sentais mes pieds se refroidir, puis mes jambes, il aurait fini si cela avait duré longtemps par me congeler entièrement dans son igloo.

Et tout de suite, sans crier gare, il entra à pieds joints dans le sujet qui l'intéressait avant tout autre :

suis-je, serais-je, à la disposition de l'homme vingt-quatre heures sur vingt-quatre pour... faire l'amour !

Bigre, s'il y en a qui vont par quatre chemins, lui pas. Et avant d'avoir assis la conversation, il m'avait déjà mise à l'horizontale !

Il poursuivit :

« Avez-vous de bonnes articulations » ?

Un instant, je pensai parler à mon rhumatologue, puis revins vers mon interlocuteur pour lui demander pourquoi.

« Parce que, Madame, c'est un facteur indispensable à la pratique de l'amour » !

Ce ne sont pas des propos que j'entends tous les jours. Ma bouche s'ouvrit de stupéfaction et je fus prise d'un tremblement qui allait graduellement devenir un rire énorme, mal accueilli de l'autre côté de la ligne.

Nous voilà revenus au siècle de Molière et, comme dans une des scènes de *l'Avare,* j'imaginai mon interlocuteur tâtant mes mollets !

Il poursuivit et me rappela son veuvage (sans doute les articulations qui avaient lâché !) et insista encore une fois sur sa maîtrise totale, physique et psychologique. Enfin, il voulut me rencontrer ; moi aussi, par curiosité.

J'avoue avoir hésité. Mais puisque je voulais comprendre, j'irais, guidée par mon intuition qui me disait que, dans son genre, cet homme était sincère.

Je risquai donc l'entrevue et grimpai les escaliers étroits d'un immeuble montmartrois.

Je m'y revois : une fois entrée, mes pronostics s'avèrent assez justes — intérieur froid, peu de meubles mais Directoire et, naturellement, un tapis pour le yoga.

Jean me reçoit sans l'ombre de bienvenue ni de sourire ; sur son visage, aucune expression. A quoi me fait-il penser ? Je le trouverai plus tard au cours de notre pugilat demeuré verbal, résultat d'un chassé-croisé d'antipathie réciproque.

Autour d'une bouteille de champagne (il y avait au moins cela), je défends les points attaqués de ma personnalité face au... ça y est, j'ai trouvé, face au naja dont les yeux inquiétants transforment le sang de mes veines en crème glacée. J'apprends que je fais partie des sous-développés qui ont recours aux médecins, kinés, etc. Malade lui ? Jamais et lorsqu'une de ses vertèbres se permet de faire un écart, il la remet lui-même en place : ben voyons, c'est enfantin.

Au fur et à mesure que ma coupe se vide et que coule dans ma gorge ce bienheureux breuvage, ma voix se gonfle, mes gestes prennent de l'ampleur, je drôlifie le comportement de mon reptile. Quant à lui, rien n'a changé, il a « yogifié » l'effet du champagne, sereinement assis sur les bulles.

Il commence sérieusement à m'énerver ; je proteste face à ses remarques dédaigneuses, je me fâche, je le nargue, ça va mal finir. Non, même pas !

Tout est maîtrisé, humour compris, finale comprise et je me retrouve sur le palier avant d'avoir eu l'occasion de lui casser son vase chinois sur la tête, accompagnée jusqu'au seuil par un chat énorme aux yeux aussi inquiétants que ceux de son maître.

Ah, merveilleux yoga ! Je sentais bien qu'il me manquait quelque chose. Car n'est-ce pas merveilleux que d'être arrivé à abolir toute chaleur humaine, à supprimer tout élan, tout soubresaut du cœur et n'est-ce pas là, le secret du bonheur ?

Si vous n'êtes pas d'accord, cela prouve que vous n'avez rien compris — c'est évident — et je vous conseille vivement d'approfondir le sujet.

CHAPITRE XVI

Herbert et mes démons

Je ne vois pas pourquoi je ne vous montrerais pas également la face noire de ma personnalité, celle qui de temps à autre suit les conseils que les esprits malins lui glissent à l'oreille.

Tout avait commencé par un message sous forme de télégramme envoyé par ce correspondant qui tenait à sortir des sentiers battus. Il disait ceci :

Capté message n^o^ X — Stop — Frappé par similitude aspirations récipropres — Stop — Crois être dans les normes — Stop — Désireux long entretien téléphonique à cœur ouvert — Stop — Mot de passe messagère du cœur — Stop — Avec toute ma sympathie. Herbert.

C'était original et amusant. Je l'appelai au téléphone comme il l'avait désiré. Une voix nasillarde cachant avec beaucoup de mal un accent facilement identifiable m'apprit qu'il avait été journaliste ; ce qu'il était à l'heure actuelle resta dans les airs mais ne descendit point...

En refusant de se décrire, il me parut quelque peu complexé. C'était certainement quelqu'un qui dissimulait beaucoup de choses.

En revanche, le luxe de détails concernant ses ennuis de santé et ses problèmes psychologiques m'embarrassèrent ; se trouver d'emblée projeté dans l'intimité de ceux qu'on ne connaît pas me cause toujours une certaine gêne.

Cependant, il eut l'excellente idée, pour me rencontrer de s'offrir à m'accompagner au théâtre.

Je me rendis donc le lendemain au Palais de Chaillot où se jouait une pièce d'avant-garde traduite de l'espagnol.

Lorsque je l'aperçus, l'insolent petit lutin que vous connaissez ne résista pas à la tentation de me siffloter à l'oreille l'air de : « Mon père m'a donné un mari, mon Dieu ! quel homme, qu'il est petit ! ». Il avait raison : qu'avaient donc tous ces hommes à rajouter des centimètres imaginaires pour faire illusion le temps d'un entretien téléphonique ?

La maigreur de celui qui vint vers moi le faisait paraître encore plus petit. Peu gâté par la nature, le teint maladif, de lourdes lunettes noires accentuant sa pâleur, il opposait une allure négligée à un abord suffisant et hautain ; la communication allait être difficile.

La perspective d'une pièce de théâtre qui pallierait les obstacles de cet ordre me remonta le moral.

A peine entré dans la salle de spectacles, Herbert mit tout en œuvre pour qu'on sache qu'il venait d'arriver et fouilla à grand bruit le parterre afin de localiser les places qui lui avaient été attribuées. Grands gestes pour enlever son manteau, attitude de grand seigneur jaugeant la qualité du voisinage et remarques diverses bruyamment jetées à tout vent.

Je fis bientôt deux découvertes : la première me révéla, effluves désagréables à l'appui, son peu de goût pour le savon et la seconde son manque de tact permanent.

Il meubla à haute voix le demi-silence de la salle et ne laissa aucun doute à ceux qui nous entouraient sur la raison de notre présence parmi eux.

— Avez-vous rencontré beaucoup de gens par ce système d'annonce ?

— Oh ! un certain nombre. Quel est le titre de cette pièce ?

— Je vous le dirai tout à l'heure. Voyez-vous, moi je suis encore sous le coup d'un grand amour disparu. Elle était (descriptif détaillé)... Et vous ?

— Moi ?

Là, nos chers voisins tendirent vainement l'oreille pour recueillir mes confidences.

— A quelle heure la levée de rideau ?

— A huit heures. Ma foi je ne suis pas fâché de m'asseoir car je suis éternellement fatigué ; je souffre d'insomnies et de maux d'estomac. Quant à ma tension...

— Pas possible...

— Ah, zut ! quelle catastrophe ! je viens de perdre un des boutons de mon veston (tous les pieds alentour furent levés à sa demande). De quoi ai-je l'air !

— Vous savez, devant l'éternité, c'est bien insignifiant !

— Ah ! vous trouvez ! (donc pas d'humour). Vous n'avez pas l'air de réaliser que je vais devoir changer tous les boutons de ma veste et...

Il s'attarda longuement devant le mur des lamentations. Je priai le ciel de m'accorder un prompt lever de rideau, ce qui fut aussitôt fait avec l'entrée en scène d'une grosse matrone vociférant en... espagnol !

La réaction d'Herbert fut violente :

— Non, ce n'est pas possible, ils ne m'ont pas fait ça. Les cartons d'invitation n'en faisaient pas mention, c'est inadmissible !

Durant les minutes qui suivirent, nos voisins qui eux étaient au courant ne purent saisir un mot du pugilat verbal qu'échangèrent deux vigoureux madrilènes ; Herbert toujours sur sa lancée, couvrant leurs voix, lança des injures à l'égard du directeur du théâtre, criant au scandale, critiquant les décors, les acteurs et toute l'organisation en général.

J'évitai de justesse le lynchage en levant prestement la séance.

Avez-vous déjà tenté cette délicieuse expérience qui consiste à déranger tout un rang de spectateurs attentifs en leur marchant sur les pieds, puis à gagner à tâtons la sortie, les yeux encore éblouis par les feux de la rampe ? Laissez-moi vous dire que c'est bien plus exaltant lorsqu'on est flanqué d'un hurluberlu excité qui s'en prend à toute la création !

En sortant, nous faillîmes nous casser le cou : la marche qui, dans l'obscurité, nous fila sous les pieds mit le feu aux poudres. Il s'ensuivit une tirade pimentée d'injures qui me fit penser au capitaine Haddock des bandes dessinées !

Avec les « Madre de Dios », entrecoupés des « Sacré nom de... » d'Herbert, nous assistâmes à un « happening ».

Il doit encore y avoir des gens se demandant ce qu'était venu faire en pleine pièce cet acteur surprise vociférant en français dans l'obscurité du parterre !

Dehors, il pleuvait à verse. Nous n'avions pas de parapluie et il ne fut pas question d'attendre un moment plus favorable pour gagner l'endroit où Herbert avait garé sa voiture.

Je me demande encore pourquoi j'acceptai le projet de transfert dans un cinéma des Champs-Elysées.

Après avoir longtemps tourné en rond, Herbert se résigna, la mort dans l'âme, à envisager la dépense d'un parc de stationnement souterrain. De là, nous partîmes à la recherche du film dont il avait entendu dire grand bien.

« On m'a dit qu'il se jouait rue X. »

L'ennui c'est qu' « on » le lui avait mal dit.

La longue marche en quête du film à voir commença : tous les cinémas du quartier furent passés au peigne fin.

Au son du « flic flac » des chaussures trempées, mains dans les poches, les épaules courbées pour recevoir le vent, nous recueillîmes le trop-plein des gouttières en détresse ; il ne fut pas question, un instant, d'abandonner nos recherches.

Entre les gouttes et les coups de vent, rasant les murs, je tentai d'assembler les mots qui m'étaient jetés dans le dos : cocktail dans lequel se trouvèrent mélangés les récits morbides, à épisodes, de son passé comme celui de son amour défunt et les barbituriques et euphorisants dont il se bourrait.

Le couple avec lequel nous partageâmes le passage clouté apprit que plus jamais ce pauvre homme ne retrouverait une personne de qualité digne de son amour. Quant à moi, je recueillis avec ravissement cette déclaration, comme vous pensez.

L'antipathie se nicha au creux de mes sentiments et ne me quitta plus.

Je n'aimai pas plus son acidité verbale que son attitude faite de suffisance et d'arrogance, et encore moins le fait qu'il reniât son appartenance à la race juive.

Lorsqu'enfin nous touchâmes au but, le cinéma ne voulut pas de nous : il affichait complet.

Herbert, lui, affichait pour sa part le côté peu attrayant de sa personnalité.

Absents : courtoisie et attentions. Ma tête transformée en éponge et mes cheveux allongés par les gouttes de pluie furent le cadet de ses soucis.

Pas moi, et à cette heure avancée du soir, je commençai à avoir une faim d'ogre, ce qui ne semblait pas être son cas.

Vous me croirez ou non, mais il me proposa sous la pluie redoublant de vigueur d'aller à la pêche dudit film dans un autre quartier. Je me sentis prête à aboyer !

Le berger briard sortant d'une mare dont j'avais pris l'allure refusa de porter ses pattes plus loin. Herbert accepta, non sans mauvaise grâce, qu'à l'abri sous un porche, j'attende son passage.

C'est alors qu'intervinrent mes horribles démons. Dès qu'il fut hors de vue, je pris la poudre d'escampette et telle une grenouille sautant dans l'étang, plongeai dans le métro le plus proche. J'eus l'impression de m'échapper d'une cage.

Le lendemain, je reçus le mot suivant :

Madame,

Si Paris vaut bien une messe, vous valez bien la valeur d'un timbre à prix réduit !

Bravo pour le gag. Vous avez sûrement bien ri à la pensée qu'un conducteur attendait à un carrefour animé aux prises avec les autres voitures et deux agents ! (... oui !)

Ce manque de courtoisie n'est pas digne d'une personne qui se veut distinguée ; vous avez agi comme une gamine de seize ans.

Avec mes félicitations, je vous présente mes civilités.

Je reçus cette punition comme une collégienne consciente de ses méfaits mais, ne la jugeant qu'en partie méritée, lui retournai le compliment.

Je vantai les délices de la galanterie, le charme des égards et des attentions que tout homme, soucieux de préserver notre féminité, devrait avoir en réserve et je laissai mon juge rejoindre ses futures aventures.

Allons jusqu'au bout des aveux et revenons au métro qui avait couvert ma fuite.

En imaginant le point de tricot qu'avaient dû effectuer les voitures emmêlées au carrefour à cause d'Herbert, j'avais arboré la mine réjouie et le sourire en coin de celle qui se raconte une bonne histoire. Mais, en face de moi, quelqu'un d'autre en avait fait autant : un monsieur à l'allure distinguée, un parapluie dégoulinant à la main, mais le visage sec, détaillant avec un amusement manifeste la piètre Vénus sortant des eaux !

Cette fois-là, mon vaurien de lutin avait changé de camp.

CHAPITRE XVII

Les cyniques : Pierre

Le glaçon dans le dos qui vous transforme en un clin d'œil en statue de sel, vous connaissez ?

J'emploierai la brièveté qu'on réserve aux choses désagréables pour vous conter comment j'en avais fait l'expérience.

Pierre, l'épicurien *cultivé, raffiné, distingué, sportif, sens de l'humour* (oh ! combien), *aimant nature, animaux, excellent milieu,* avec lequel j'avais dîné un soir, avait une particularité : il cultivait un cynisme nourri dont il faisait profiter ses correspondantes. Dans ce corps sec aux gestes saccadés de grand nerveux et au visage rébarbatif en lame de couteau, sur lequel le sourire était définitivement absent, l'âme appartenait à quelqu'un dont vous avez sûrement entendu parler, ce génie dont l'intelligence et les grands sentiments ont fait le bonheur de milliers de gens : je veux nommer Adolph Hitler !

Ménageant l'effet de surprise, il attendait le dernier moment pour lâcher sa bombe qui éclatait comme le bouquet final d'un feu d'artifice.

Elle était tombée en plein dessert et avait eu pour

effet de rendre toute ingestion impossible, un morceau de pêche Melba restant collé aux parois glacées de mon œsophage.

Notez bien que Pierre cherchait une compagne qui puisse le chérir avec le même amour qu'il vouait au Führer et l'aider à cultiver la mémoire du grand homme en suivant ses préceptes.

Que Pierre se rassure ; pour ce qui est de la mémoire de ce grand bienfaiteur, c'est chose assurée pour un bon bout de temps. Quant au reste, j'ai eu peur de ne pas être à la hauteur...

Mais j'ai eu pitié de vous, la page suivante vous réchauffera.

LETTRE : Maurice

Chère Madame, je suis un homme grand mais un peu trop gros par manque d'exercice physique faute de partenaire.

Qui nous empêcherait de nous rencontrer? Pour mieux nous connaître, découvrir mutuellement qui nous sommes et de qui (!)*nous sommes faits...*

Je suis déjà tenté de vous adresser mes plus chauds baisers sur vos douces lèvres, accompagnés de ma très vive sympathie.

... En prime, sans doute !

CHAPITRE XVIII

Les pauvres : John

Je ne pourrai plus jamais voir une Rolls Royce sans penser à John.

Je mentirais si je vous disais que j'emploie souvent ce moyen de locomotion trop encombrant à mon goût qui, de plus, ne correspond pas à mon train de vie.

On ne peut tout avoir ; chaque catégorie sociale a ses inconvénients.

Celle dont John faisait partie, englobant les pécunièrement puissants, porte sur ses épaules la prédiction de celui qui empoisonna les nuits de Ponce Pilate.

Quand on pense qu'il leur est aussi difficile d'atteindre le nirvâna que pour un chameau de passer par le chas d'une aiguille, on tremble.

Les gens à la fois fortunés et heureux sont rares ; ce n'était pas le cas de John.

Avant de le rencontrer, j'avais eu un long entretien téléphonique au cours duquel il m'avait jeté quelques bribes de sa vie. Lui aussi était à la recherche du rayon de soleil qui lui redonnerait le sourire et le débarrasserait du poids trop lourd d'une déception.

Sa voix me plut, sa façon de parler également ; il

s'exprimait clairement et avait beaucoup de choses intéressantes à raconter. Un livre déjà commencé allait réunir une foule d'informations et d'anecdotes ramenées des voyages où ses affaires l'avait conduit.

Un détail, cependant, m'avait déplu : John s'attribuait une intelligence hors du commun et le mentionnait un peu trop souvent. Or les gens vraiment intelligents savent bien qu'il n'est nul besoin de le crier sur les toits.

A aucun moment nous n'avions parlé d'argent ni de situation financière ; c'est un sujet que je n'aborde jamais car il cache, dans un premier temps, la vraie personnalité de l'interlocuteur.

Ce ne fut qu'au moment de fixer un rendez-vous que la Rolls fut avancée, point de repère infaillible au cas où nous nous serions manqués.

Ce détail significatif qui, sur le moment, m'avait un tant soit peu refroidie, piqua ma curiosité : étais-je tombée sur l'exception qui confirme la règle et John incarnait-il le chameau dont les pattes de devant étaient déjà passées de l'autre côté du chas ?

Il m'avait fait une description détaillée de l'homme qu'il pensait être. Apparemment assez fier de son apparence et de ses origines nordiques, il avait guidé le crayon qui l'avait dessiné dans mon imagination : bel et grand athlète aux yeux couleur des mers du Sud, le blond des cheveux à peine terni aux tempes par le voisinage de la quarantaine et la courbe de l'abdomen sans renflement inesthétique.

Si le charme devait s'ajouter à ce séduisant portrait comme il le laissait sous-entendre, j'allais, sans nul doute, rallumer le feu qui, chez tout Sagittaire, ne demande qu'à brûler.

Exacte au rendez-vous, il n'en avait pas été de même pour John.

Au bar que fréquente le Paris chic et snob où nous devions nous rencontrer, il s'était écoulé un bon quart d'heure avant que ne passe, tel un météore, le seul homme blond repérable apparemment venu pour juger, *de visu,* sa future conquête.

Il était réapparu, cinq minutes plus tard, après concertation personnelle, j'imagine.

J'avais alors procédé à la correction du portrait robot : premier coup de crayon pour réduire la hauteur (le grand athlète faisait 1,70 mètre). Petite rectification pour les muscles abdominaux, une plus grande pour le visage en bonne voie d'empâtement et un grand coup de gomme pour effacer le charme, inexistant.

Point de sourire sur ce visage dur et froid et, au fond des yeux plutôt couleur des mers de glace, un mélange de dédain et de cynisme, voire de mépris.

Etant donné l'heure tardive et le dîner auquel il m'avait conviée, nous avions directement gagné sa voiture.

C'est fou ce que les petits détails peuvent, en quelques minutes, accuser la personnalité d'un individu. Traversant une grande avenue sans se préoccuper le moins du monde de mon absence à ses côtés et au risque de provoquer des collisions en série, il avait rejoint la Rolls, dont l'étalement bouchait complètement la voie piétonnière.

D'un geste agacé signifiant qu'il était au-dessus de certaines choses, il avait arraché, d'un geste large, et lancé sur le trottoir, la contravention qui en garnissait le pare-brise.

Assis au volant, il avait ensuite attendu avec quelque impatience ma venue, savourant sans intervenir mes démêlés avec le système d'ouverture de la portière.

J'avoue avoir été sérieusement tentée, à ce moment-là, de tourner les talons mais ma tendance à vouloir déchiffrer et percer les autres étant la plus forte, j'avais tenté d'ignorer ces signes d'enfant gâté et mal élevé. Le demi-tour qu'il effectua en plein trafic intense (mais où sont les agents ?) me stupéfia. Les paisibles piétons qui eurent la bonne idée de faire un saut en arrière s'évitèrent un long séjour à l'hôpital.

J'appris que nous roulions en direction de son domicile, désireux qu'il était de se rafraîchir après une harassante journée de travail, avant de poursuivre cette soirée déjà bien entamée.

N'étant pas conformiste (et pas assez méfiante, diraient certains avec juste raison), je m'étais retrouvée aux environs de Paris, dans un appartement luxueux, admirant, verre à la main, les objets en provenance du monde entier qui s'y trouvaient entassés.

Interrompue dans ma contemplation par une main indiscrète, j'avais été brusquement confrontée à la scène de séduction d'un John nu sous un peignoir savamment entrouvert. Il avait fait l'éloge de mes longues jambes et d'autres choses aussi que, comme dans la chanson, je ne dirai pas ici.

Balayée, du coup, l'idée du tête-à-tête au restaurant qui, je le découvris plus tard, n'avait été qu'un prétexte et qu'il n'avait jamais eu l'intention de mettre à exécution.

J'avais à présent devant moi un corps bronzé dont la température montait à vue d'œil et un visage déformé, de la bouche duquel sortait dans un halètement saccadé un flot de paroles qui ne me plaisaient pas.

C'est fou ce qu'on peut trouver un homme ridicule lorsqu'il ne vous plaît pas ; celui-ci m'avait fait penser au quadrupède d'une chanson de Brassens.

Je n'ai jamais pu m'entendre avec ceux dont le vocabulaire érotico-sexuel vulgaire nous relèguent au niveau des chattes et chiennes en chaleur et nous prêtent des vices imaginaires ; tout comme je n'accepte pas d'être traitée en animal qui ne pense pas ; je refuse également qu'on sépare le cœur d'avec le corps dans tout ébat digne d'être qualifié d'amoureux.

Après ce premier acte aux échos de ménagerie au cours duquel je n'avais pu tenir le rôle qu'on attendait de moi, John était allé se plonger dans un bain, pour s'effondrer ensuite sur son lit. Il avait changé de ton et altéré le cours de ses divagations.

Il me dévoila, sans retenue, tout ce qu'il m'était nécessaire d'apprendre, à savoir qu'il était un homme rongé par la haine de l'amour-passion, dont la vie était devenue un enfer depuis qu'une maîtresse démoniaque l'avait rejeté.

Il était difficile de plaindre un homme de cette espèce dénué de tout scrupule ; trop de sordide venait gâcher le bon. Pour atteindre sa position sociale, il n'avait pas hésité à rompre l'échine de tous ceux qui se trouvaient sur son passage et il le clamait avec défi.

Durant quarante ans, ses souhaits s'étaient vus exaucés ; argent, femmes (beaucoup), succès professionnels, voyages et aventures passionnantes, tout lui avait été accordé sauf cependant une chose qu'il désirait intensément : un enfant qui lui ressemble en tous points, objet de son orgueil démesuré.

Pensez-vous qu'on puisse être capable, tel qu'il me l'avait raconté, d'épouser une femme choisie pour sa jeunesse et sa blonde beauté, qu'on n'aime pas, mais qui, elle, vous aime ; attendre d'elle qu'elle vous donne un enfant, pour la rejeter ensuite tel l'objet usagé qui ne doit plus servir ?

Lui, avait pu.

L'enfant était là, sous cadres, présent dans toutes les pièces, petit roi doté, soi-disant, de dons exceptionnels mais auquel manquait un élément important : le sceau des enfants de l'amour. Son orgueil une fois satisfait, son père ne le voyait plus que de temps à autre ; il semblait à présent importuné par la haine tenace que lui vouait celle qui n'avait été qu'un pion sur son échiquier : il y a vraiment des gens qui ne savent pas s'effacer... !

Avait suivi cet amour-passion entre deux êtres aussi noirs l'un que l'autre (c'est John qui parle).

La mante religieuse qui, à présent, avait juré de le détruire, semblait être l'élément justicier rétablissant l'équilibre (là, ce n'est plus John qui parle...).

Il me tardait d'aller respirer de l'oxygène ; mais devant les cas graves d'ablation du cœur, on est tenté de guetter un espoir de survie. Et je l'avais laissé parler, écœurée au fur et à mesure par ses révélations.

Il était là, effondré, le cœur stérile, englué dans ses billets de banque et impuissant à obtenir la seule chose qui ne s'achète pas : le bonheur.

J'avais ensuite été témoin de ces coups de fils navrants des égocentriques qui dérangent tout le monde pour attirer, sur eux, la pitié, sans se préoccuper des autres.

Lorsque, pleurant toujours sur lui-même, il m'avait priée de le laisser seul avec son tourment, se déclarant incapable de me reconduire, j'avais donné libre cours à mon indignation. Il avait écouté en prenant des notes (comme aurait dit ma grand-mère), et sans ciller, la liste des qualificatifs qui, à la rigueur, lui serviraient de remède homéopathique.

Mon lutin, lui, devant une telle situation, s'était tordu de rire, bien entendu ; on prend des risques ou on n'en prend pas et la leçon était de taille. Minuit était passé, nous étions en banlieue, il pleuvait à verse et ma voiture était garée aux cent mille diables.

Devant l'alternative, je n'avais eu que celle d'imposer à mon « hôte » un hébergement sans T.V.A. dans cet hôtel improvisé, en attendant la mise en service, au petit matin, de la Rolls.

Quelques cuillerées de confiture d'oranges, glanées dans sa cuisine, avaient mal apaisé les grondements de mon estomac affamé.

Le soleil éclatant du lendemain n'avait pas suffi à fondre la grisaille de cet attristant souvenir.

J'aimerais savoir qu'à l'heure actuelle, John se demande lequel de nous deux est le plus fortuné.

Me revient en mémoire la mélopée de ma tante Fany, doublement alourdie par sa stature et ses valeurs boursières, qui me disait lorsque j'avais quinze ans : « Mon Dieu ! que tu as de la chance de ne pas être riche ! »

Francis Blanche avait, lui, tranché la question de façon plus raisonnable, en disant « qu'il valait mieux être riche et en bonne santé, que pauvre et malade... »

A vous de choisir.

CHAPITRE XIX

Les allumeurs : Yvon

Une fois dans ma vie, j'ai failli gagner le gros lot à la loterie ; seul un chiffre avait pris la place d'un autre. Je préfère le pas-du-tout au presque, le sentiment de frustration est moins grand.

Il y a eu un peu de cela dans ma rencontre avec Yvon. Sa lettre, peu détaillée, m'était parvenue de Suisse où il résidait ; médecin, mélomane, épicurien, amoureux de la vie, des arts et de l'Eve éternelle il était, comme tant d'autres, trop seul et mal dans sa peau.

Déjà, d'instinct, ma plume avait couru avec enthousiasme pour lui faire connaître mon état d'âme et, à ma grande joie, j'avais appris quelques jours plus tard qu'il sautait dans un avion pour venir à ma rencontre.

On ne plaindra jamais assez les fleurs bleues sentimentales et romanesques de mon genre. Un prince des *Mille et une nuits* descendant des nuages sur un tapis ensorcelé n'aurait pas provoqué plus de remue-cœur.

Au jour dit, impatiente d'arriver à Orly, je m'étais ruée sur l'autoroute pour me retrouver, par deux fois, sur celle qui m'aurait menée à Marseille : on ne peut à la fois surveiller les indications des panneaux et suivre un dialogue intérieur...

Arrivée enfin à bon port, j'avais sillonné dans tous les sens les différents paliers des pas-qui-se-perdent de l'aérogare. Telle l'abeille distraite qui a mal pris l'adresse d'un carré de trèfles en fleur, j'avais butiné un peu tous les arrivages internationaux à la recherche de la fournée helvétique.

Parmi ces fourmis affairées que des vols de toutes provenances avaient crachées aux quatre vents, je me sentais projetée dans toutes les directions tel un ballon de rugby en pleine mêlée. J'avais fini par heurter le bar mentionné comme lieu de rendez-vous et cherché du regard celui qui correspondait à la fois au portrait robot issu de mon imagination et de ses descriptions épistolaires.

Yvon, lui, d'un œil amusé, avait suivi mes égarements ayant reconnu, photo à l'appui, ma silhouette nordique. La glace avait été rompue tout de suite.

J'avais aimé ce grand corps à l'allure sportive, ce teint hâlé et les traits virils de ce visage dont les yeux traduisaient l'intelligence et l'humour.

La première poignée de main avait laissé passer ce courant positif synonyme d'attirance, mains qui, par la suite, allaient se chercher pour en définir les contours, la texture et les vibrations, messagères des sens et du cœur précédant la parole.

Nous avions une très longue soirée devant nous. Les premiers échanges autour d'un apéritif, bien calés dans de gros fauteuils moelleux, avaient été chaleureux, sans temps mort. Un homme ventripotent qui ronflait la bouche ouverte, une main crispée sur sa valise, nous avait arraché un fou rire. Il m'avait paru évident que nous voyions, pensions et sentions les choses avec la même intensité.

J'avais accepté avec joie sa proposition d'aller dîner dans une auberge renommée des environs de Paris nichée dans un creux de campagne.

Le flair infaillible de ma 4 L avait détecté sans mal l'adorable chaumière où des artisans cuisiniers s'acharnent à préserver leurs étoiles de marque.

Un silence de mort régnait alentour et, sur la porte d'entrée, une pancarte disait tout son regret de ne pouvoir, exceptionnellement ce jour-là et pour cause de décès, servir son honorable clientèle.

Réservant pour plus tard une explication avec mon satané lutin, nous étions partis à la recherche d'un restaurant à l'abord avenant.

Ah ! Barbizon de mes souvenirs ensoleillés ! j'ai gardé de tes jardins une fleur de chèvrefeuille et la senteur de l'homme que j'aurais pu aimer.

La spontanéité avec laquelle Yvon avait sauté pour me la cueillir m'avait touchée et rendu ce premier cadeau plus précieux à mes yeux.

A la table d'un restaurant réputé, face à face, l'écheveau de nos vies s'était dévidé sans retenue, avec cette confiance que nous nous étions d'emblée accordée.

J'avais aimé la présence de cet homme à mes côtés et ce qui en émanait. Dans ce grand jardin aux mille senteurs, les épaules auréolées par les derniers rayons d'un soleil d'été, il avait merveilleusement illustré les premières pages d'un livre qui commence trop bien.

Les mets avaient été à la mesure du raffinement de ce décor champêtre ; servis avec art, ils étaient cependant passés au second plan. Nos mains qui se cherchaient, qui déjà aimaient se frôler, se serrer, pendant que nous parlions, avaient établi un courant si intense, que toute influence de l'environnement avait été éliminée.

L'heure tardive avait rompu le charme et immobilisé la barque voguant vers Cythère. Yvon devait reprendre l'avion aux aurores ; j'avais alors eu le pressentiment qu'une parcelle de bonheur allait s'échapper.

Sur le chemin qui nous ramenait à Orly, le charnel

et le spirituel conjugués avaient rendu difficile la conduite en ligne droite de mon véhicule.

Vint le moment où, descendus de voiture, nous nous étions trouvés face à face. J'avais ressenti cette lourde tension créée par le désir et vu l'appel muet qu'exprimaient les yeux enfiévrés d'Yvon.

Je sais que certains en riront, mais je suis encore de celles qui attendent que l'homme fasse le premier pas et j'avais résisté avec beaucoup de difficulté à l'envie de me jeter dans ses bras.

Dans un flot de paroles il m'avait alors confié l'élan qui le projetait vers moi et fait promettre de venir passer quelques jours auprès de lui très prochainement.

Puis les portes de l'hôtel s'étaient refermées sur lui, me laissant un moment immobile, les épaules encore arrondies par les bras qui les avaient entourées.

Le temps s'était arrêté ; j'avais attendu avec un fol espoir le signal du départ vers celui qui, déjà, habitait mon esprit et mon corps et hantait mes nuits.

Mais ils n'étaient jamais venus, ces jours heureux... Lettre et coup de fil m'avaient appris qu'ils ne viendraient jamais. Yvon était confronté à un grand problème, celui qui guette ceux dont l'équilibre affectif a été détruit : l'impuissance.

Il ne pouvait effacer l'image d'une maîtresse qui l'avait quitté, ni celle de sa femme qui avait mal supporté leur divorce.

Etant entré dans la catégorie des hommes qui se servent des femmes comme de cobayes, les tests successifs leur révélant l'état de leur progression éventuelle, il avait sans doute oublié que nous avons aussi un cœur...

Et la médecine, dans tout ça ?

« Tu sais bien, m'a dit mon lutin, que les cordonniers sont toujours les plus mal chaussés... »

CHAPITRE XX

Hector ou le troisième âge

Si vous n'avez pas sauté de pages, vous vous souviendrez peut-être d'Hector, ce premier correspondant dont je vous ai parlé au chapitre des lettres.

Dans la réponse que je lui avais adressée, en soulignant la grande différence d'âge, j'avais signifié le plus discrètement possible mon refus de le rencontrer pensant mettre un terme aux divagations de ce nouveau Victor Hugo. C'est sans doute ce qui se serait passé si, une fois de plus, mon infernal petit lutin ne s'était mêlé de ce qui ne le regardait pas.

Nous étions en juillet. Par une température caniculaire, pieds nus, arborant la tenue la moins couvrante de ma garde-robe, j'avais décidé de changer l'aspect de ma salle de séjour.

Les tapis une fois roulés, il ne manquait plus que Nicole, cette amie aux bras secourables qui devait m'aider à déplacer les meubles.

Lorsque la sonnette se fit entendre, j'en étais à l'aspiration de la poussière des coins que la position des meubles empêche de visiter.

Je criai : « J'arrive, ma poulette » et, lançant un « coucou » de bienvenue, ouvris la porte.

La surprise me cloua sur place. En fait de poulette, je vis entrer... Khrouchtchev qui se glissa dans le couloir sans y être invité !

Une voix puissante annonça : « Je suis Hector X ». A sa mine réjouie comme à son regard circulaire, je vis aussitôt combien ma tenue de bord de mer lui était agréable.

Après un baisemain prolongé, sa profonde inclination lui permettant de plonger tout à loisir dans mon profond décolleté, il termina son tour d'horizon en achevant de me déshabiller visuellement.

Il m'expliqua que passant par là, il avait eu envie de venir me voir. Il espérait ne pas me déranger et était ravi de me rencontrer.

Me déranger, moi ? Quelle idée !

Quelle femme n'aurait pas été ravie d'être surprise à moitié vêtue, les cheveux dans les dents et l'aspirateur à la main dans un décor de cataclysme ! Comme de la prendre pour une imbécile en voulant lui faire croire qu'en traversant tout Paris on s'était trouvé dans son quartier... par hasard ! Ho !...

Je lui fis aussitôt savoir qu'il m'était difficile de le recevoir, mais il ne voulut rien entendre. Prenant possession des lieux en conquérant, il ne me laissa pas le temps de placer un autre mot, faisant valoir la brièveté de sa visite.

Et il continua sur sa lancée. Le tuyau de l'aspirateur accrochant traîtreusement son pied au passage, il fit un vol plané et tomba pesamment dans les bras d'un fauteuil qui gémit de douleur (j'ai recollé les morceaux depuis...).

Le sans-gêne d'Hector était à la mesure de son imposant mètre quatre-vingt-dix ; épaules larges, grands pieds, grandes mains, cou de taureau de ce corps musclé entretenu par les heures de marche et l'alpinisme.

On devinait mal son âge, sauf peut-être par les traits

du visage plus marqué. De tous petits yeux plissés laissaient passer un regard ironique, détail qui en soulignait l'aspect peu plaisant.

Résignée, je le laissai parler, ce qu'il fit les yeux vissés sur mes cuisses nues, une expression gourmande étalée sur son visage épanoui.

Très à l'aise, un pied reposant sur le tapis roulé, il se livra à une véritable plaidoirie pour tenter d'effacer la différence d'âge. Il se sentait encore suffisamment jeune pour ne pas douter de son pouvoir de séduction. Les exercices physiques assurant un entretien régulier, il pouvait sans crainte se mesurer aux grands sportifs.

D'ailleurs, il me garantissait six à sept heures de marche sans signe de fatigue apparent et était prêt à m'apprendre les rudiments de l'alpinisme.

Du coup, juchée sur un haut tabouret de cuisine qui devait servir à décrocher mes rideaux, je faillis perdre l'équilibre ; passionnée de montagne mais en proie à un insolent et indéracinable vertige, je suis morte cent fois en franchissant des obstacles insignifiants.

A m'imaginer en cordée, suspendue au-dessus du vide, la tête me tourna et je redescendis sur terre en lui faisant remarquer que j'attendais quelqu'un d'une minute à l'autre.

Rien n'y fit. Il reprit son sourire ironique et ses arguments et remit sa personne sur le marché. Oui, c'était bien cela : la marchandise composée de ses qualités et capacités, étalées comme les produits de la ferme du paysan, attendait la monnaie d'échange.

La moutarde me monta soudain au nez en même temps que le fumet de sa pipe qu'il venait d'allumer et je sentis ma courtoisie habituelle s'enfuir à toutes jambes.

Les gens qui s'imposent lorsqu'on ne les attend pas et feignent d'ignorer le dérangement qu'ils causent me donnent envie de griffer au même titre qu'un chat dont la queue serait entrée en contact avec les 220 volts d'un fil dénudé.

Jouant le rôle d'avocat de la partie adverse, mon

discours s'avéra suffisamment efficace pour faire prendre à Hector le chemin de retour, ce qu'il fit sans trop de difficulté après avoir lu sur mon visage le peu d'attrait qu'il m'inspirait.

Quant à Nicole, à laquelle j'avais mentalement envoyé de multiples S.O.S. pour me tirer de là, elle ne vint jamais : elle eut un contretemps !

Je ne serais qu'à moitié surprise que certains parmi vous accusent à raison mon peu de sens de l'opportunité. Car, à la réflexion, n'eut-il pas mieux valu accorder à Hector une demi-heure supplémentaire durant laquelle il aurait changé mes meubles de place ?

Finale inachevée

Vous êtes-vous parfois demandé quel est l'état d'esprit de celui qui vit intensément les diverses situations qu'engendre son annonce ?

Si tel est votre cas, laissez-moi vous aider à l'imaginer.

Parmi tous les candidats au bonheur que j'ai rencontrés, il y a eu : des P.-D.G., des cadres supérieurs, des cadres moyens, des intellectuels, des manuels, des êtres fortunés, des sans-le-sou, des Parisiens, des provinciaux, des étrangers, des militaires, des diplomates, des médecins, des industriels, des chefs d'entreprises mais... pas d'ecclésiastiques.

Mais aussi : des grands voyageurs, des « n'ayant-pas-bougé-de-leur-trou », des professions libérales, des sans profession, des fonctionnaires, des grands sportifs, des musiciens, des artistes, des avant-gardistes, des « rétro », des « métro-boulot-dodo », des fantaisistes, des marginaux, des jeunes, des moins jeunes, des plus jeunes du tout, etc.

En imagination, je me suis adaptée au lever matinal des esclaves du travail, au coucher des petites heures du matin de l'acteur ou du musicien, aux imprévus de celui qui n'a pas d'horaire fixe, à la vie calme des villes de province, à la trépidante bousculade des grands voyageurs.

Je me suis ennuyée avec l'homme qui rentre à heures fixes, avec les pantouflards, les avale-télé, les tièdes, les conformistes, les isolés, les silencieux et les indifférents au monde qui les entoure.

Et j'ai parlé anglais, allemand, panaché, j'ai redécouvert le monde avec les plus jeunes, distillé les bons moments de l'existence avec les épicuriens de ma génération et péri d'ennui avec les « descendant la pente de l'autre versant de la vie ».

Enfouis sous le paillasson, le temps d'une connaissance, passé, mode de vie ou idées préconçues, quitte à les reprendre au retour. Pour comprendre mon interlocuteur, il m'a semblé nécessaire de naviguer à son niveau. Et j'ai dit « ouf » ou « c'est dommage » suivant qu'il se soit agi de déceptions ou de rêves impossibles.

Pourquoi vous le cacherais-je ? J'aurais aimé qu'un homme m'aide à compléter ce témoignage et que, lovée dans ses bras, j'y mette le point final.

Mais aucun bras ne m'entoure ; il n'y a eu jusqu'à présent que des bras en transit.

Combien de fois ne m'a-t-on pas dit : « Mais enfin, comment se fait-il que « quelqu'un comme vous », en l'espace de quelques mois, n'ait pas encore trouvé l'âme sœur ? »

Il se fait que d'abord le destin a son mot à dire et que, lorsqu'on tente de le forcer malgré lui, il s'arrange toujours pour reprendre ce qu'il n'a pas eu l'intention de donner.

Quant au reste, il peut se comparer au jeu de loto. Pour réunir les données essentielles nécessaires à une entente de qualité, il faudrait aligner le numéro correspondant. Je m'explique :

Si j'attribue le numéro 1 à l'attirance réciproque, le 3 à l'intelligence, le 7 au sentiment, le 11 à la culture, le

13 à l'amour de la musique, le 15 au niveau social et le 23 au sens de l'humour, je me vois dans l'obligation d'admettre que c'est le n° 13 711 131 523 qui ferait « TILT ». Oui, je sais, ce n'est pas très romantique mais cet exposé réjouira en revanche les cartésiens et diplômés d'H.E.C.

On me parle souvent de l'attirance des extrêmes comme de la théorie du complémentaire qui voudraient que l'entente s'établisse par un système de vases communiquants. Je m'en méfie quelque peu. Rien ne vaut, à mon sens, la communion qui s'établit entre gens de mêmes goûts aux idées similaires.

Quelle importance, me dit-on également, si votre partenaire n'aime pas Mozart. Vous l'enrichirez en le lui faisant découvrir et il en fera autant en vous communiquant, par exemple, son amour de l'accordéon.

Or l'accordéon me donne de l'eczéma, de même que je suis capable de pleurer de désespoir devant la pauvreté des chansons qu'on nous serine souvent à la radio. Je pense, en outre, qu'à un certain âge on ne peut changer le goût de personne, à moins d'avoir affaire à un papier buvard qui n'absorbe que ce qu'on lui verse.

Mais alors, me direz-vous, ne vais-je pas de la sorte risquer de m'embourber dans le fossé de la solitude jusqu'à ne laisser passer que la tête ? Peut-être, mais ne vaut-il pas mieux rester seul qu'être mal à deux ?

Je ne scrute pas l'horizon à la recherche de la huitième merveille, c'est bon pour les orgueilleux. L'homme avec lequel j'aimerais vivre ne sera exceptionnel que dans la mesure où conception de vie identique et attirance mutuelle seront présentes.

L'homme qui nous convient est fatalement exceptionnel et ce n'est pas pour cela qu'il sort de la cuisse de Jupiter.

Vous allez sans doute me traiter d'utopiste si je vous dis que, malgré les bosses et mes genoux couronnés par les chutes, je patine allègrement en espérant un jour réussir le triple axel du bonheur.

Puisque l'homme, ou plutôt les hommes pour lesquels j'ai été plus particulièrement créée existent, pourquoi voudriez-vous que je ne les croise pas sur mon chemin ? Oui, ma recherche se poursuit et je pense sincèrement que, sans exclure les hasards de la vie, une petite annonce peut déboucher sur une clairière ensoleillée.

Je ne regrette aucune de mes expériences, elles m'ont toutes apporté quelque chose.

Au travers des hommes peu attentionnés, j'en suis venue à apprécier les moindres parcelles de gentillesse qui me sont offertes. Tout comme l'émerveillement se lit sur mon visage lorsque pointe une marque d'intérêt, les égocentriques que j'ai rencontrés n'ayant jamais pensé qu'à eux-mêmes.

Mais il y a eu des rencontres heureuses et enrichissantes empreintes de gentillesse, de marque d'intérêt et de sympathie. Si elles n'ont abouti qu'à un plaisant souvenir, c'est que soit l'attrait physique, soit les affinités étaient absents.

Et puis quoi, osons le dire, l'enveloppe terrestre doit être comme un tableau, agréable à contempler avec ses yeux à soi, quotidiennement ; on ne peut, hélas ! plaire à tout le monde.

On m'a parfois dit : « Mon dieu, que vous êtes grande ! » ou « Quel dommage que vous n'ayiez pas de longs cheveux » (selon la légende qui veuille que toutes les nordiques aient des cheveux qui leur battent les reins).

Je pense aussi au projet de rencontre qui avait avorté parce qu'au dernier moment mon correspondant avait appris que je n'avais pas la peau laiteuse ; et celui qui aurait voulu que je me glisse dans son ombre pour vivre un silence de carmélite ! Des goûts et des couleurs...

Il se pourrait à présent que l'un de vous se demande

si je n'ai pas provoqué toutes ces rencontres aux seules fins d'écrire ce livre. Il n'en est rien.

Mon but, celui de sonder la planète en quête d'un compagnon de voyage qui aura le désir de m'accompagner au bout de la vie, reste le même.

Mes messages au travers des petites annonces ne visaient rien d'autre, mes lettres-réponses aux annonceurs non plus. Tout cela ira rejoindre le tiroir aux souvenirs le jour où un homme aura donné un vrai sens à ma vie.

Ce n'est qu'au bout de deux ans de recherche, non pas systématique mais épisodique, que je me suis demandée s'il ne serait pas constructif de faire partager le fruit de mes expériences tout en me libérant de leur poids devenu trop lourd à porter.

Il fallait que certaines choses soient dites. Il était nécessaire aussi qu'on voie combien l'humour peut parfois atténuer la noirceur d'une déception, voire même l'effacer complètement.

Si j'ai pu, certaines fois, donner l'impression d'aller à la rencontre du premier venu, c'est parce que j'ai toujours espéré trouver un autre homme derrière les apparences. Evidemment, il est souvent arrivé que ces apparences ne soient que l'homme lui-même ; elles m'ont cependant révélé, quelquefois, de bonnes surprises.

Ce que j'y ai gagné ? Une meilleure connaissance de l'Adam aux mille visages et plus de clairvoyance dans mes jugements.

Au cas où le moindre doute subsisterait, j'aimerais, une fois de plus, dire aux hommes qui auront pris la peine de me lire que ces témoignages ne visent pas à les mettre tous sur un banc d'accusation. Qu'ils sachent, une fois pour toutes, que je les a-do-re-et que leur présence, leurs qualités et défauts, me sont indispensables. Mes descriptions sont des tableaux ouverts à toute critique comme le sont ceux des expositions.

J'espère que personne n'aura l'idée démoniaque de

me mettre en quarantaine ; à moins que les sadiques ne se réjouissent particulièrement à l'idée de voir mon humble personne se ratatiner de chagrin jusqu'à passer par le trou de la baignoire.

Je terminerai en adressant mes « féminités », parallèlement à leurs hommages, aux hommes avec lesquels j'ai séjourné, aussi brièvement soit-il, dans l'antichambre du bonheur. Pour passer par la grande porte, nous n'avions pas les dimensions requises. Certains ont trouvé leur vérité ailleurs ou se sont mariés (avec une annonceuse) ; d'autres ont su me garder leur amitié. Je leur dois quelques parcelles de bonheur.

Je m'en voudrais de conclure sans avoir fait une place à mon inséparable lutin. Sa foi est tout aussi inébranlable que la mienne puisqu'au travers de ses multiples interventions il cherche sans relâche son espiègle moitié.

Et il la trouvera, vous verrez ; je vous la présenterai un jour prochain.

ANNEXE

Petites annonces

Différents types d'annonce

Matrimoniale : « Homme, 40 ans, veuf, distingué, situation cherche, vue mariage, femme 20-30 ans, jolie, féminine, etc. »

Semi-matrimoniale : « Homme, 50 ans, cultivé, bien physiquement rencontrerait femme quarantaine intelligente, allure, distinction pour partager bons moments de la vie. »

Dans le vent : « Libre penseur, forte personnalité, cultivé, naturiste, cherche femme libérée, analysée, indépendante. »

Fantaisiste : « Charmant quadragénaire, rêveur, artiste, cherche femme forte style Rubens... »

Erotique : « Homme, 40 ans, viril, expérimenté, sportif, cherche nana « rétro », courbes avantageuses pour ébats délirants. »

Vue loisirs : « Homme, 48 ans, villa, mer, voile, cherche compagne pour week-ends et congés scolaires. »

Amusante : « Père Noël distribuerait cadeaux à celle qui le mérite. »

Troisième âge : « Retraité cherche femme encore jeune pour fin de vie heureuse. »

Optimiste : « J'aime la vie, je suis beau, intelligent, vous êtes belle, souriante, bien faite, féminine, alors faites-moi signe... »

Pessimiste : « Célibataire, 40 ans, sans fortune, physique très moyen, simple, épouserait jeune fille sérieuse, handicap accepté. »

Volubile : « Homme, 35 ans, voudrait vous parler, Madame ou Mademoiselle. »

Originale : « Réservé, incertain, 28 ans, recherche jolie certitude. »

Descriptive : « Homme, 29 ans, dormant sur ventre, cherche femme dormant sur dos. »

Et tant d'autres...

L’humour des petites annonces

— « H. jeune cherche j. partenaire, sexe indifférent, pour amitié totale. »
— Perle fine, 45 carats, rencontrerait monture de qualité pour créer parure de choc. »
— « J. H. homo. cherche femme homo. ou non, pour aller au-delà des évidences. Y a-t-il des homo. en Bretagne ? »
— « Vieille dame indigne éclectique cherche homme pour partager loisirs. »
— « Petit navigateur désire mettre cap sur tendresse, amour, recherche petite boussole douce et gentille. »
— « Mignon lapin tendre, lassé chasseurs maladroits, cherche fauve racé pour partager son terrier. »
— « 32 ans, épouserait jolie jeune fille frigide. »
— « Prolétaire, laid, égoïste, peu sympathique, recherche J. F. complémentaire. »
— « Matou miaulant au clair de lune attend la chatonne tendre qui lui réapprendra à ronronner. Miaou ! »
— « Ecrivain rural, autoritaire, recherche quarantaine cultivée, plantureuse. »

— « J. F. sportive, dynamique, recherche J. H. sain, beau, sportif, bonne éducation, humour, skieur toute neige, conducteur bateau, voiture pour compagnon rémunéré sport, voyage, envoyer photo couleur. »
— « H. intelligent, égoïste, situation enviable, sans cœur, pas mal de sa personne, cherche F. sans illusions pour remplacer grand amour disparu. »
— « H. cherche F., tout simplement. »

Le style

Leur style

Chacun a son style, sa façon de disposer les mots par-ci, par-là ; selon la place qu'ils occupent, le paysage est différent, plaisant ou pas.

Il se produit toujours quelque chose quand on regarde un tableau, quand on déchiffre une lettre aussi et la gamme de réactions qu'elle suscite est tout aussi variée.

Il m'a paru nécessaire de vous accorder un entracte pour vous reposer de mon propre style. A cet effet, j'ai fidèlement retranscrit quelques lettres qui m'ont semblé sortir de l'ordinaire.

Vous vous souvenez certainement que, dans mon annonce, j'avais exprimé le désir de rencontrer un homme intelligent, cultivé, mélomane, etc.

Vous jugerez vous-même si ces lettres reflètent réellement les caractéristiques qui correspondent à mes espérances ; j'ai pu me tromper...

Je vous abandonne, à présent, le temps de quelques pages pour vous laisser tout à la contemplation de ces petits tableaux.

André

Je m'empresse de faire suite à « grande, blonde, », ... (suivait tout le texte de mon annonce).

Or j'ai été très intéressé par votre description, gentillesse qui correspond fort bien au portrait que je me suis fait de la femme que je souhaite bien épouser quel que soit situation familiale ou niveau social, accepte enfants.

Puis nous plaire ? Permettez-moi bien de me présenter : célibataire, âgé de quarante-cinq ans, de situation modeste, porte lunettes, père retraité. Alors je vis seul, venant de la Région parisienne ou j'étais employé depuis cinq ans, par suite a été licencié et ensuite a été faire une saison dans un grand restaurant qui est terminé, depuis un mois étant en chômage partiel en attendant de retrouvé emploi ou situation à Paris préférence.

J'ai très peux deconomies ainsi que mon permis de conduire et souhaiterait bien faire ma vie avec vous. Au physique, corpulence moyenne cheveux chatains, visage agréable très facile à vivre aimant simplicité et gentillesse. Tout en restant bien simple j'aime bien m'habiller après travail.

Mon caractère est doux, affectueux, calme, franc, gai et un peu ambitieux.

Mon instruction est primaire et jai bien entendu mon C.E.P. et plus C.A.P. J'évoluais dans un milieu modeste, simple.

Attendant réponse ou entrevue de votre main, je pourrais bien vous envoyer ma photo à une seule condition que vous m'envoyez la votre avant afin de faire votre connaissance, je vous la retournerai oû bien la redonnerai aussitot suivant desire.

Alors est-il nécessaire de précisé en entamant cette correspondance avec vous que mon but est bien de fonder foyer, créer situation sur la confiance d'amour compréhensive des affinités communes réciproques pour vie à deux, ne pouvant continué à vivre sans tendresse, culture humaine.

Restant bien à votre disposition en attente de votre réponse sur gentillesse simplicité compréhensive le plus vite possible s'il vous plaît.

Recevez bien et je vous prie de croire chère Madame ou Mademoiselle en ma considération distinguée et mes chers sentiments sincères les meilleurs empressés.

Antoine

Chère Mademoiselle,

Faisant suite à votre annonce au sujet de votre demande en mariage. Vous. Vous exprimez votre intention de vous marier. Vous cherchez un époux. Vous cherchez l'amour dans le mariage, en un mot vous cherchez le bonheur pour la vie dans le mariage. Le mariage est un but dans la vie. Je voudrais moi-même me marier. Vous êtes une femme blonde, jolie, élancée d'un type nordique. J'aime particulièrement les femmes blondes du type nordique. Vous aimez les voyages, moi aussi, j'aime les voyages. J'aimerai une femme comme vous qui partagerai ma vie. C'est une femme qui manque dans ma vie pour être heureux. Je demeure à X. Je travaille à X. J'espère que vous êtes en bonne santé. Je suis croyant et de religion catholique, vous êtes une fleur d'amour. Vous devez être un modèle de vertu. Voici mon signalement. Si je vous dis que je suis beau, cela serait un peu exagéré mais je ne suis pas laid non plus. Je suis d'une assez grande taille.

Si vous voulez bien accepter de vous marier avec moi vous serez heureuse pour la vie.

Veuillez agréer, chère Mademoiselle, mes sentiments les plus empressés.

Jeannot

J'ai l'honneur de répondre à votre annonce passée sur la revue. Pour commencer cette lettre décrire dabord la personne qui vous répond. J'ai trente ans, je suis beau enfin on le dit, brun, yeux marron, mignon, j'ai de l'honneur ; aussi, aimerai-je bien vous connaitre.

Sur votre annonce, vous avez toutes les qualités.

Est-ce que vraiment une femme a-t-elle toutes les qualitées ? Vous pourrez répondre à cette question.

Je suis originaire du midi je travaille à Paris, les journées sont sombre à Paris, me donne le mauvais moral. Mais peut-être Paris avec vous sera-t-il moins couvert. J'espère avoir une réponse assez douce sinon je n'aurai plus qu'à jouer Illusions perdues *d'honoré de Balzac. Je vous embrasse tout en vous présentant mes sentiments les plus respectueux.*

André

Madame, ma chère,

Comme j'achète les revues et je suis interessé sur les annonces des propositions de mariage.

Je vous envois quelques lignes pour vous demandez de m'envoyer votre adresse, s'y cela vous est possible. Aussitôt, je vous renvoirez du courrier.

Dans l'attente de vous lire vous recevrez toutes les salutations distingués.

Paul

Chère Amie,

A mon grand regret je vous renvoi la photo car, voyez-vous, nous constatons un problème : le mien c'est que je mesure six centimètres de moins que vous.

Alors, soyons un peu réaliste : si j'avais le physique d'un mettons Alain Delon, je n'aurais pas à passer par les annonces. Vous aussi, vous en avez un (ah bon ?) *sinon il y a longtemps que vous aurez trouvé une solution.*

A part cela, je ressemble à tout le monde, suis sans complexes. Et comme je suis petit, il est de mon intérêt de chercher à comprendre la femme mieux que les autres. Il y a évidemment l'affinité physique qui joue et qui veut qu'il y ait harmonie traditionnellement acceptée…

Je vous laisse donc le choix sur le sort que vous allez résumer à ma candidature. Amicalement.

Francis

... J'ai la soixantaine bien passée, ne parait que cinquante parait-il. (Ouais !) *1,70 mètre, sans maladie ni infirmité, affectueux, gouailleur, haissant le mensonge sous toutes ses formes et d'où il vienne — Impératif. J'ai un commerce et c'est un peu la raison que je vous écrit a tout hasard bien sur, car vous n'avez pas parlé d'age et l'age à mon avis n'a qu'une importance relative, ce qui importe c'est le resultat.*

Dans l'attente de vous entendre ou vous voir si sérieux je vous présente mes hommages.

Maurice

De famille modeste, j'ai trouvé un ami et un frère en la personne de mon père ; j'ai travaillé à ses côtés dans un métier passionnant et viril : transporteur. Mon père est mort, ma mère fachée.

A ce jour, je fais vendre à mes représentants, des parapluies.

Je suis encore uni a une dame dont j'ai un fils (le A de Amour n'avait qu'une jambe). J'aime la vie entière. Ma position m'oblige a recevoir en prive ou au restaurant des clients, a converser une soirée avec une italienne et un anglais (moi qui ne parle que le français). Que de moi dans cette lettre, cela je n'aime pas mais c'est à votre demande.

Il me serait agreable de connaitre un peu de votre moi ou de votre je et dans cette attente vous adresse toute ma sympathie et plein de douces choses,

Celui qui,
Maurice.

Le courrier

Je ne vois aucune objection à ce que les P.T.T. exposent ce livre dans leurs bureaux : je leur ai laissé une petite fortune !

Les givrés ou le coucou dans le clocher

Il m'est arrivé, parfois, de ne pas comprendre les messages de mes correspondants.

Les petits mots de Jean-Claude, couchés sur papier jauni, n'avaient pas satisfait ma curiosité.

Le premier disait : *Célibataire, cent kilos. Merci de vos bons vœux* (quels vœux ?). *Le mien est de venir « me » voir. Actuellement, je me déplace dans Reims car les finances sont très exigeantes et les encaissements pénibles. Affectueusement et heureux de poursuivre nos relations.*

Non seulement il n'y avait pas eu de début de relation, mais de lui, je ne savais strictement rien, mis à part les cent kilos et la course aux encaissements.

Je répondis évasivement, mettant l'accent sur l'absence d'affinités.

Quelques jours plus tard, me parvenait un deuxième petit carton. *J'ai eu un homme au téléphone,* disait-il, *dois-je en conclure que vous êtes mariée ?*

A la suite de cela, j'ai fait une mise au point avec le petit lutin dont je vous ai parlé, pour savoir s'il ne m'avait pas joué un mauvais tour. Etant une femme seule, comme vous savez, en pleine recherche, il semblait évident qu'aucun homme n'avait pu répondre au téléphone ; ou alors avais-je un fantôme mêle-tout ? Je fis preuve de bonne volonté en résumant mon refus pour la deuxième fois et reçus sa conclusion le surlendemain : *J'ai bien reçu votre dernière lettre et c'est avec plaisir que j'apprends que vous ne viendrez pas à Reims* (!). *Acceptez-vous de correspondre ? Je vous embrasse. Votre Jean-Claude.*

Si vous avez compris quelque chose qui m'aurait échappé, je serais heureuse que vous me fassiez signe.

Les mystérieux

Je répondis un jour à une annonce qui disait ceci : *Ingénieur, début cinquantaine, grand, brun, personnalité affirmée, rencontrerait, vue mariage, femme douce, non conformiste.*

La douceur faisant partie de ma féminité, je complétai ma description de femme non conformiste et demandai quelques détails concernant cet éventuel futur correspondant.

Je reçus cette réponse :

Les termes de mon annonce, que je vous souligne en rouge (qui est à clef et qu'il faut lire entre les lignes), ont trait à l'intimité et non à la vie courante. Ayant un tempérament énergique et dominateur dans l'intimité, je cherche une femme docile et soumise, n'ayant aucun tabou ni refus intimes.

Si vous êtes toujours intéressée, repassez par la voie de l'annonce.

J'eus beau me promener entre les lignes, je ne trouvai pas la clef. Et je jetai aux orties ce tyran dont l'intimité ne faisait pas partie de la vie courante.

Les indécis

Beaucoup de gens ne savent pas ce qu'ils veulent : Henri ne le savait pas.

Il habitait Roanne et languissait dans les affres de la solitude. Il avait lu mon annonce et sa première lettre était débordante d'enthousiasme.

N'est-ce pas formidable, disait-il, *de savoir que l'on a quelqu'un sur qui l'on puisse compter ? Surtout lorsque cette personne a les mêmes goûts que soi et correspond à ce que l'on attend depuis des années.*

J'ai une soif d'amour débordante et suis prêt à accueillir votre féminité et votre gaieté ; ce sont les qualités de cœur qui sont importantes et que je ressens dans votre annonce, qui m'a séduit.

… Je crève de n'avoir jamais rencontré une véritable tendresse qui puisse mener à l'enlacement durable. Croyez que j'attends avec impatience votre réponse et votre amour (!).

Sa description, tant au physique qu'au moral, m'avait beaucoup attirée et, de plus, Henri était un grand mélomane.

Ne me dites pas, après cela, que vous ne seriez pas, comme moi, tombée dans le panneau.

J'acceptai donc, avec joie, de le voir lors de son prochain passage à Paris et attendis avec impatience un signe de sa part.

Une dizaine de jours se passa avant que je reçoive sa deuxième missive.

Ma lettre va sans doute vous décevoir. Pour plusieurs raisons, je n'ai pas envie de donner suite à mon appel. D'abord, parce que je l'ai fait sur un coup de cafard (!) *et que je ne suis pas si sûr de ce que je désire.*

Je n'ai cependant pas été déçu par le style de votre lettre et je veux bien, même, vous rencontrer.

Je ne sais pas si la photo que je vous ai envoyée, constitue pour vous un privilège...

Et dans l'espoir de ne pas m'avoir trop déçue, il m'envoyait ses amitiés.

Que Monseigneur se rassure ; ma déception a été de courte durée. De plus, partisan d'un certain confort, j'ai horreur d'être assise entre deux chaises.

Les vengeances

C'est bien vrai que la vengeance est un plat qui se mange froid.

Celle-ci venait d'un personnage assez aigri, ayant sans doute mal accepté le retrait forcé de ses hommages. Comme au tennis, il y a de mauvais perdants.

Un matin, je reçus un imprimé qui me fit pousser des hauts cris ; chez moi, la réaction vient toujours avant la réflexion.

L'avertissement qui m'était lancé disait ceci :

Madame,

L'un des hommes qui a rendu hommage à vos charmes au cours de ces derniers mois, vient d'obtenir de notre laboratoire l'analyse ci-jointe.

Nous vous conseillons de prendre contact avec votre médecin et de lui en faire part, afin que le plus tôt possible vous puissiez, si cela était nécessaire, recevoir les soins qui pourraient enrayer un processus de contamination.

Cette démarche, anonyme et discrète, a pour but de vous venir en aide sous la garantie du secret médical.

Suivait une liste malsaine d'attaquants indésirables

auxquels on espère ne jamais avoir affaire. Et c'était signé le C.A.D.A.L. (Comité d'action et de défense pour l'amour libre) dont personne n'a jamais entendu parler.

On a beau connaître son emploi du temps des derniers mois, il se passe une minute durant laquelle on entrevoit les pires choses.

Si, après réflexion, je ne fus guère inquiétée par la naissance d'un doute, le premier choc porta néanmoins ses fruits. Le sinistre insatisfait peut se vanter d'avoir momentanément empoisonné sa victime ; il s'installa en moi une méfiance qui mit du temps à s'estomper.

Il m'arrive encore de faire cet affreux cauchemar : je déambule dans les rues avec un écriteau dans le dos, sur lequel on peut lire : « élément contaminé » !

Les opportunistes

On pourrait penser que ceux qui répondent à une annonce sont principalement intéressés par la personne qui l'a rédigée et que leur but est de chercher à la connaître.

Ce n'est cependant pas toujours le cas.

Dans ces deux lettres, que je vous confie, le moins qu'on puisse dire est que l'exception pourrait bien, comme on dit, confirmer la règle. Les voici :

DÉSIRÉ

Madame,

J'ai le plaisir de lire votre insertion qui répond à mes désirs. Il y a deux facteurs différents, d'une part, côté sentiments possibles, d'autre part, je peux vous êtes très utile.

Je suis du type Parfait et je peux vous protégée pendant trente ans, y compris rajeunissement et d'éviter tous accidents. Suivant vos possibilités, de 1 000 francs à 3 000 francs pour ces trente ans.

Il va y avoir deux guerres et l'Apocalypse avant l'an 2 000, et seuls ceux protégés par moi, atteindront cet âge. C'est un astre erratique qui va passer lentement entre le soleil et la terre.

J'ai lâge que vous désirez, dynamique, chatain (tous) *assez grand, yeux bleux ; mes goûts ce qu'il y a de plus beau.*

N'hésitez pas, vous avez une chance unique et facilement contrôlable pour le sérieux de mon offre.

Il y a trois catégories : Ordinaire, Devin (Nostradamus), *Parfait. La membrane qui entoure le cerveau est le centre de coordination et l'ordination de la personne, physiquement et intellectuellement, l'esprit. Elle multiplie par 1 000 environ le fluide du cerveau l'ors d'un effort, et le dirige à l'endroit voulu. Cristal pour un devin, par intermitence.*

La deuxième membrane, cristal pour un Parfait, infiniment supérieure, siège de la pureté. Elle permet de rajeunir et d'éviter tous accidents. Pour Devin et Parfait, tel degré de puissance égal tel degré de pureté.

Le cristal ne prévoit pas, il voit, infaillible de ce fait (Devin et Parfait seulement). Trois Parfaits à ce jour, dont un moi-même, en quatre millions d'années. Le contrôle du développement est facile. Ni erreur, ni tricherie possible à ce sujet.

La Prophétie des Papes indique ceux-ci de 1143 à l'an 2 000, facilement contrôlable par le dictionnaire ; un exemple, il s'appellera Florent et il aura un lion sur son blason, avant et après un Pape italien ; pour tous ainsi.

Il ne faut pas forcé sa nature, l'effort vers le haut s'effectuant en dilatation, surtout lorsqu'on pense à ce qui est en haut ou à du grandiose.

Dans l'attente du plaisir de vous lire veuillez croire, Madame, l'expression de meilleurs sentiments.

Ma nature altruiste a fait un bond en avant pour venir vous prévenir ; je tiens absolument à ce que mes lecteurs soient parmi ceux qui verront l'an 2000 ; quant au rajeunissement, c'est un cadeau que je vous fais, indirectement.

Une toute petite chose me chiffonne, cependant : « l'ortografe » et le style de cet être Parfait ; aurait-il des taches sur sa membrane ?

PAUL

Je ne trahis aucun secret en reproduisant quelques passages de ce document photocopié, puisqu'il y était stipulé « Diffusons le présent feuillet ».

L'entrée en matière disait ceci : *Objet : votre annonce. Je suis intéressé. Soixante-six ans, grand brun, ne fume pas, resté jeune, très sentimental. Une étape de ma vie se termine et si vous lisez attentivement le présent feuillet, peut-être quelque chose parlera à votre cœur ; si c'est le cas, écrivez-moi ou téléphonez-moi.*

Suivait l'exposé suivant, dont l'auteur se disait constructeur et professeur des Temps heureux :

Le monde aujourd'hui, accepte la tutelle de forces restrictives et opprimantes, notamment, la tutelle d'une mesure métallique monétaire ; mais demain, le M.I.L.M. (Mouvement de libération monétaire) *sera la force nouvelle qui réglementera équitablement la circulation des richesses.*

Le M.I.L.M. exaltera l'intelligence et le discernement de chacun. Naîtra un lien nouveau d'indépendance réciproque. L'avenir appartiendra à la destinée et le présent, à la joie de vivre.

Le taux d'intérêt aboli, la demi-partie de la fortune du monde déchue, celle qui opprime, le fantôme or et argent pressure le monde.

N'étant plus désaxés par un carcan en or, les prix ne pourront fluctuer que manœuvrés par les services de conjoncture, afin de pallier la déficience ou l'encombrement gênant dans une profession.

Par la délivrance par le M.I.L.M., l'excuse pas d'argent n'existant plus, des feuilles de coupons seront débités par la banque. Comme pour le chèque, chaque coupon reproduira le numéro de son compte, logés dans un portefeuille adéquat. Profits et bénéfices seront taxés.

Sachons que par le M.I.L.M., quel que soit le passif d'un individu, d'une collectivité, d'un pays, celui-ci sera absorbé, car la terre est à tous et tout lui appartient, permettant à chacun de payer, même préalablement, tout ce qu'il occupe, manipule ou utilise.

Quel est donc l'obstacle à ce que nous devenions tous des gérants par Doit et Avoir, Recettes et Dépenses, Débits et Crédit, par la Banque, par le M.I.L.M. ? Le M.I.L.M. est la doctrine de désintoxication de l'esprit, de la lumière qui succède aux ténèbres de la condamnation, de la porte qui s'ouvre offrant des temps heureux à tous, etc.

Quand le génie frappe... on ne lui ouvre pas toujours !

Les érotiques : Jean

Pour vous remercier d'être arrivé jusqu'ici dans ce livre et vous encourager à lire le reste, je vous offre ces quelques pages, en forme de récréation.

Jean était médecin, dans le Sud de la France. Lorsque j'ai lu sa lettre... eh bien ! non ! je ne vous dirai rien pour l'instant ; je vous ferai part de ma réaction un peu plus loin et vous laisse tout à la dégustation de ce texte que j'ai fidèlement reproduit.

Ne me prêtez pas des intentions que je n'ai pas eues, mon principal souci est de vous informer.

Dans un premier temps, j'avais répondu au questionnaire qui m'était parvenu, étalé mes particularités, mon passé et ce que l'avenir me permettait d'espérer.

Ces détails avaient dû lui plaire puisqu'une longue lettre avait fait suite à la mienne. La voici, en grande partie :

Madame,

Ne vous gênez pas pour continuer à m'écrire tout ce que vous jugez bon de me dire et n'attendez pas forcément une réponse.

Voici ma photo, ci-jointe : admirez le personnage de la tête aux pieds, en passant par le milieu et voyez s'il correspond à mes descriptions ; vous me direz aussi s'il correspond à vos goûts. Surtout, je vous en supplie, renvoyez-la moi, elle est unique... (Ça oui, il était tel que la nature l'avait fait !)

Je cherche quelqu'un qui m'accepte sincèrement et puisse être heureuse de se sentir protégée, d'avoir de l'affection et de l'amour et de partager tous les plaisirs de la vie.

J'ai choisi d'être un homme en même temps qu'être médecin, j'avais deux solutions : travailler comme un nègre, jour et nuit, sans repos et entasser une lessiveuse pleine de pièces d'or et mourir un jour d'un infarctus, sans avoir goûté à la vie, ce qui est le cas de quatre cinquièmes des médecins (je l'ai fait au début pour avoir le nécessaire et m'assurer pour plus tard) ou alors avoir moins de clients, du temps de libre et profiter des bons moments. Avec la dernière solution, j'ai choisi de vivre. Jusqu'à présent j'étais libre, divorcé, homme, c'est pourquoi je n'ai pas eu besoin d'une femme en permanence à côté de moi ; je ne l'ai pas rencontrée non plus.

Maintenant, j'éprouve le besoin irrésistible d'avoir une présence féminine à côté de moi, un être en chair et en os, gentil, aimant, sensuel, un deuxième moi-même. Je suis d'accord avec vous qu'une photo n'a pas une grande signification (la sienne, si !). *Cependant, si je suis obligé d'avoir un laideron ou quelqu'un sans attrait, je ne serai pas porté d'aller lui faire des bises, alors qu'avec une femme de mon goût, je suis plus tenté d'aller toucher...*

Je pense que c'est plus valable pour un homme que pour une femme, pour laquelle le physique n'est qu'un tout petit détail.

Là, n'y tenant plus, je fais une petite parenthèse : Je suppose, Mesdames, que, comme moi, vous aurez sauté hors de la boîte comme un beau diable en criant votre indignation.

Non, Messieurs, ce n'est pas un tout petit détail et nous n'aimons pas non plus les laiderons ; disons que nous ne regardons pas que le physique. Il fallait le dire...

Je désire avoir une vraie femme, c. à. d. qu'elle aime et adore les relations sexuelles et non un frigidaire ou un demi-frigidaire. Je précise bien, non pas une femme vaguement normale mais ayant une sensualité au-dessus de la moyenne (on le saura !).

Je vous demanderai si vous acceptez de vous dévoiler un peu sur votre nature sexuelle, sensuelle et, en gros, votre comportement et vos connaissances.

Voici un petit questionnaire qui, j'espère, ne vous semblera pas brutal :

Avez-vous eu moult aventures masculines, une ou deux, pendant longtemps chacune et rien dans l'intervalle ou avez-vous eu assez souvent des occasions d'un soir ou quelques soirs, dont vous avez profité, si cela vous plaisait, bien sûr ? Ou un mélange des deux ?

Est-ce que chez vous, seule, vous avez souvent un désir plus ou moins évident de faire l'amour, ou cela ne vous arrive-t-il pratiquement jamais, sauf en présence d'un homme ?

Et si vous avez des désirs, que faites-vous ? Une douche froide ? (!) *Vous dormez ? Et si le lendemain et le surlendemain cela persiste, que faites-vous ? Des caresses personnelles ou finalement vous cherchez un homme pour enfin retrouver un état plus calme à la suite de relations ?*

Est-ce que, en présence d'un homme intéressant, vous avez rapidement le désir et voulez passer à l'acte lui-même ou vous faut-il beaucoup de préliminaires, caresses, ambiance pour être prête à le faire ?

Etes-vous capable d'avoir une vraie jouissance, une vraie, ou seulement un état agréable continuel ou même plusieurs jouissances de suite ?

Etes-vous clitoridienne ou vaginale ?

Aimez-vous, adorez-vous des quantités de variantes pour faire l'amour, même les plus bizarres et les plus imprévues ? Même dans les lieux extérieurs, plage, tente, forêt ; ou au contraire vous faut-il obligatoirement tout le confort nécessaire et préférez-vous quelques façons plus usuelles ?

Aimez-vous caresser un homme et l'embrasser plus ou moins intimement ?

Voilà, j'ai bien bavardé (oh oui !).

Veuillez me dire ce qui est plaisant ou non dans mes propos ; ne vous gênez pas, je suis seul à lire mon courrier. Vous vous apercevrez que je ne suis nullement baratineur, mais franc.

Tout cela est important pour marcher la main dans la main. (Heu... quand elle est libre...)

Je viens de jouer : à votre tour.

Et c'était signé : *Jean, l'idéaliste* (!)

Comme vous voyez, le bonheur, ça se prépare, ça s'organise et pas n'importe comment !

Si ce grand romantique ne vous a pas transporté dans le domaine du rêve, c'est que, vraiment, vous y avez mis de la mauvaise volonté.

Au fond, il a raison, il faudrait être plus simple ; on devrait pouvoir se présenter en annonçant tout de suite sa couleur. Par exemple : « Bonjour Monsieur, je m'appelle Madeleine, je suis sensuelle, vaginale, j'adore faire l'amour sur une peau de bête et j'affectionne particulièrement les sept positions que je vous indiquerai et si vous aimez les gouzi-gouzi dans le dos, nous allons passer de bons moments ensemble ; et zou, au tapis ! »

Et voilà, c'est ça, la main dans la main, il n'y a pas autre chose, ne cherchez pas.

La tendresse, la poésie, le langage des yeux, le langage tout court, la communication affective, tout cela ne confère plus l'état amoureux, c'est dépassé ; n'y pensez plus, c'est d'un démodé...

Quant à moi, j'ai toujours eu horreur de passer des concours et, de plus, je suis « traqueuse » ; je n'ai pas eu le courage de passer mon bac érotico-sexuel.

J'étudie...

Deux méchantes lettres

Est-ce que je me trompe si j'avance que les hommes n'aiment pas qu'on leur dise non ?

Les femmes non plus, me direz-vous, ne sont pas particulièrement heureuses lorsqu'elles essuient un refus ; seulement voilà, elles acceptent qu'on le leur dise, les hommes, pas souvent.

Etant en surnombre, on considère qu'elles doivent se montrer moins difficiles qu'eux puisque, dans la balance de l'offre et de la demande, elles pèsent moins lourd. Si j'osais, je dirais aussi que le régime phallocratique a laissé certaines traces.

Je signale en passant que 90 pour cent des hommes ne répondent jamais aux femmes qui leur font savoir, après avoir lu leur annonce, qu'elles correspondent à leurs désirs. Je sais, ils sont débordés ; qu'ils sachent cependant combien il est frustrant de ne pas savoir le pourquoi des choses.

Mettez-vous bien dans la tête qu'une femme qui se sert des petites annonces pour tenter de combler sa solitude se doit d'être jolie, jeune, gaie, facile à vivre, douce, sensuelle, en bonne santé, de préférence sans enfant, aisée et sans problème.

En ce qui concerne les hommes, c'est très différent. A partir du moment où ils ont des revenus importants, une retraite dorée, une maison avec jardin et une Mercedes sport, leur âge, virilité et caractère ne devraient avoir aucune importance. Si vous trouvez, parmi les annonces, celle d'une femme qui a de gros problèmes physiques ou psychologiques et cherche un homme paré de toutes les qualités, beau et bien fait, vous me ferez signe : je n'en ai jamais vu.

En revanche, l'homme qui présente un handicap stipulera, lui, qu'il veut une petite merveille, n'étant prêt à admettre aucune imperfection.

Mon tort est de trouver que les détails sont tout aussi importants dans le choix que doit faire la femme et, surtout, de vouloir ignorer le côté matériel pour ne voir que l'être humain.

Et voilà pourquoi l'on me considère parfois comme quelqu'un de marginal ou de pas comme tout le monde. Pour me taper sur les doigts, on m'envoie des lettres pas gentilles du tout en forme de leçon : voici deux de celles-là.

Dans les deux cas, en réponse à mon annonce, j'avais reçu une fort belle lettre débordant de promesses de bonheur ; ce ne pouvait faire l'objet d'aucun doute puisqu'il y était mentionné la maison admirablement meublée, le yacht, les voyages et... le vieux monsieur.

Avec beaucoup de ménagement, je leur avais répondu que la grande différence d'âge me semblait un obstacle ; je ne cherchais pas seulement à combler ma solitude mais aussi à réunir le plus d'atouts possible que je jugeais indispensables à la réussite d'un couple.

J'avais cependant commis une maladresse : leur personnalité attirante, leur avais-je dit, ne pouvait que provoquer la sympathie ; ils avaient toutes les chances de trouver l'âme sœur.

Comme il n'est pas décent qu'une femme ait le dernier mot, le leur avait mis un point final à cet échange épistolaire.

Madame, disait le premier,

J'ai bien reçu ma photo dont vous ne voulez pas (sic). *A part quelques fautes d'orthographe, je relève dans cette réponse, un certain manque d'éducation : on ne juge pas une personne qu'on ne connaît pas, même si elle a soixante-dix ans* (!).

Ceci dit, son contenu porte plutôt à rire et j'en ris encore (?) *; car des femmes, probablement plus jeunes que vous, pourraient témoigner de ma virilité et elles en ont été fort satisfaites, croyez-moi.*

Je ne cherche pas non plus une compagnie, uniquement ; pour cela j'ai de beaux chiens, d'exellents amis et de bons voisins.

D'ailleurs, quel âge avez-vous réellement ? Chère Madame, quand une femme avoue la quarantaine, c'est qu'elle est près de la cinquantaine (voir Monsieur de la Palisse !). Vous ne me faites pas peur.

Votre annonce me paraissait être celle d'une femme intelligente, elle était cependant un peu chargée. Je vous prie d'excuser le ton de cette lettre, ce n'est pas mon habitude envers une dame, mais enfin... il vaut bien celui de la votre.

Respectueusement. (... si peu.)

Vous me croirez ou non, la seule chose qui me vexa fut la mention des fautes d'orthographe ; ma mémoire étant visuelle, je n'en fais pas souvent. J'eus ma revanche en contemplant les siennes.

Mademoiselle, disait le second,

Ma lettre méritait autre chose que votre long interrogatoire, du moins si vous aviez eu assez d'intuition pour savoir à qui vous aviez affaire !

D'autre part, assez bon graphologue, je constate dans

votre graphisme, dans votre signature en particulier, tout ce que vous n'avouez pas !

N'espérant pas que vous puissiez comprendre ce qu'il faudrait, je ne puis que vous exprimer mes regrets... tout en le regrettant.

Mes regrets.

Ce mot bref, avec ses longs regrets, me fit l'effet d'une mitraillette crachant son mépris... pour rien.

J'espère, au moins, que ces deux lettres soulagèrent leur auteur.

« L'ortografe »

J'ai ma propre orthographe, mes correspondants ont la leur.

Vous verrez que, suivant les cas, ils ont de l'ortographe, de l'orthographe, de l'ortografe, mais aussi parfois de l'aurtaugrafe.

Il paraît que tout cela n'a plus grande importance et que nous allons bientôt pouvoir écrire phonétiquement. J'ai donc l'honneur et le plaisir de vous présenter d'authentiques avant-gardistes.

Les lettres
et leur orthographe

GÉRARD

Cher Mademoiselle,

Vautre annonce a retenue Mon attention. Je meu presente, j'ai quarante-sept ans, chatain claire, simpatique, un peu sportif.

Voila ; esque un entretien pour plus d'un formation si vous été dacorre ?

Dans lattente de vautre reponse veullez, Mademoiselle agrer mes sainserre salutation.

Elle aurait tué Mérimée.

JEAN-LOUIS

Je me permet de vous écrire en vue d'une éventuelle rencontre entre nous. (Les Anglais disent : entre nous et le réverbère…)

Je suis très brun, la peau mâte, les yeux chatains (pas de chance).

Divorcé à tort réciproque, aimant la vie familliale, restant à votre disposition pour tous renseignements complémentaires. Je vous prie de croire, Madame, mes cordiales salutation.

LOUIS

Ayant lu votre Annonce, je serais évantuellement interessé par une rencontre ou coup de Fil, Mais tout D'abord je suis Mince, Blond, Affectueux, fais 37 ans, une situation qui me permet un certain confort, que puis-je vous dire d'Autre ? Beaucoup, bien Sur.
Je Pense qu'il serait Préférable dans le souci de respectabilité en la vie Privée de chaqu'un dans le Présent, d'avoir une Entrevue, Afin de voire si nos gouts sont en Harmonies. Quand pensez-vous ?

... Je pense que non.

GEORGES

Cher Madame,

Comme dans votre petite annonce, je recherche à refaire ma vie car la solitude est trop triste.

Je suis voeuf et recherche une femme gentil, une femme d'intérieure. J'abite la Banlieu Parisienne, je suis un Petit retraité avec un petit jardin à fleures en fassade. Je suis gaie, ne fume pas, sobre, voiture pour sortire et une Petite pour mon Petit travaille.

Je vous j'oim mon No de Téléfone.

En attendant d'avoire votre réponses, je vous prie de recevoire mes salutation et amitiés.

Est-ce possible ? Si.

ROBERT

Suite à vôtre annonce pârue sur le journal, je recherche une femme sincère pour union durable.

D'après ce que vous marquer, nous avons pas mal de point commun. J'aime la musique et la nâture. Dans l'attente de vous écoutez, recevez ma sympatie naîssante.

Serait-il couvreur ?...

Le courrier des benjamins

MICHEL

L'annonce que vous nous avez fait la grâce de faire paraître, m'ayant séduit, que dis-je subjugué, j'ai l'honneur et le plaisir de venir me présenter à vous.

Bien que n'étant âgé que de trente ans, je ne souhaite pas rencontrer une femme de mon âge qui trop souvent manque de classe et ne pourrait rien m'apporter tant sur le plan physique que sur le plan intellectuel. Je serais ravi d'accueillir votre féminité et d'apaiser ma soif d'amour à la source de votre charme.

Parcourrons-nous ensemble les sentiers délicieux qui conduisent à l'apogée du bonheur et de la félicité ? Il vous appartient désormais d'en décider car, pour ma part, je souhaite marcher à vos côtés sur la route enchantée que le soleil de l'amour inonde de lumière.

Délicieux Michel, bonne chance.

JEAN

... J'ai à peine trente ans mais me suis toujours senti des affinités plus fortes et complètement à l'aise avec des personnes plus âgées que moi.

Il m'a semblé que dans la vie, nous recherchions un peu les mêmes choses, l'approche d'un bonheur plus complet, les plaisirs du cœur et des sens aussi bien que ceux de l'esprit ; un grand besoin d'échange, de partage en toute liberté et naturel qui fait toute la richesse que deux êtres peuvent s'apporter pour vivre ensemble jusqu'au plus profond d'eux-mêmes. C'est cela qui, avec le souci de rester malgré tout le plus réaliste possible, guide ma vie personnelle.

JEAN-LUC

Votre annonce a tout de suite attiré mon attention par sa sincérité, simplicité et naturel.

J'accorde une importance primordiale aux vibrations chaleureuses qui peuvent apporter l'amitié ou l'amour dans un monde qui, aujourd'hui, a trop tendance à substituer à ces relations humaines, des rapports dont les seuls caractères s'avèrent trop souvent être d'une froideur ou d'une agressivité qui résultent des modes de vie et de communication voués au profit, à la consommation, à la rentabilité, puisque telles sont les conséquences du système économique actuel.

Qu'en est-il de votre existence ? Parlez-moi de votre enfance, de vos joies, de vos soucis, de vos goûts, de vos désirs.

Croyez que cet homme qui vous écrit est tout prêt à vous connaître, à vous écouter, à vous comprendre, à vous apporter son amitié, son affection et sa tendresse si vous l'en jugez digne.

Il avait vingt-sept ans... Tout en lui était offre,

générosité et confiance. Et surtout il a été un des rares à s'être intéressé à ce que je pensais, ressentais, désirais.

Cher Jean-Luc, attendez-moi dans une autre vie...

JEAN-JACQUES

... Soixante-sept kilos de nerfs, de muscles, de sang et d'os, vingt-six ans de rêve, d'élans, de baisers que j'ai envie de vous offrir !

J'espère que mon âge ne sera pas un obstacle à votre réponse. Nous pourrons faire la nique aux préjugés, au temps qui passe ; j'aime la jeunesse des femmes d'expériences. Connaître une femme, faire un bout de chemin avec elle, c'est un peu commencer une aventure, le début d'un voyage.

Si le désir de vous (!) connaître est réciproque, vous pouvez m'écrire.

Je me permets de vous embrasser déjà très tendrement.

... Merci, Jean-Jacques, d'avoir compris que les femmes plus âgées ont aussi, parfois, une grande jeunesse.

MICHEL

... J'ai répondu délibérément à votre annonce, n'ignorant pas la différence d'âge qui existe entre vous et moi. J'aime et j'estime mes aînées, je leur trouve, par rapport à leurs benjamines qui ne voient souvent que le côté négatif des choses, un attrait que leurs expériences leur a permis d'acquérir.

A mon sens, l'âge permet à la femme romantique,

sentimentale, réaliste, à l'allure jeune et féminine — je vous suppose comme telle — d'apprécier en gourmet et de révéler en initiatrice le côté positif de ces petits riens qui font, en définitive, l'essentiel de la joie de vivre. Une femme comme vous, avec ses années vécues, son plaisir de vivre — car en vous lisant vous exprimez partout votre jeunesse — sa liberté de femme libre d'elle-même de ses idées, de son comportement, de son corps, représente, à mes yeux, un être équilibré et sain.

En vous, je recherche une amie qui puisse m'initier aux beautés des choses par la finesse, sa culture, son charme, sa recherche de jeunesse, en un mot tout ce qu'une femme de mon âge n'a pu m'apporter.

La gentillesse de votre lettre m'incite à croire en vous et à espérer une rencontre.

Dans une deuxième lettre, j'avais souligné à Michel le fait que je ne me sentais pas bien dans le rôle « d'initiatrice » et que tel n'était pas le but de ma recherche. Je le félicitais, cependant, de tant de clairvoyance ; il avait certes décortiqué fort intelligemment les femmes de mon âge, j'y avais été très sensible.

Il s'entêta et m'envoya cette troisième missive :

Opiner du bonnet et acquiescer après avoir lu votre lettre est une solution bien facile...

Vous semblez posséder un certain nombre de qualités et de défauts que bon nombre de femmes doivent vous envier et que certains hommes, parmi ceux que vous honorez de votre amitié, doivent apprécier.

Votre style reflète votre manière de voir les choses avec réalisme et intuition, ce qui est un trait de votre personnalité ; personnalité intelligente qui se connaît par l'analyse de ses états de force ou de faiblesse, qui n'ignore pas que le vide de la solitude est atroce après une période de tendresse partagée et d'amitié.

Je comprends votre besoin de sentir en face de vous un homme très homme, vous couvrant de sa protection, car vous aimez être à la fois une petite fille aspirant à être consolée tout en restant la femme très femme, féminine, intuitive et logique. Mais vous ne voulez pas comprendre que l'homme que je suis puisse vouloir donner une tendresse à un être qu'il apprécie en tant que femme par son esprit et son réalisme et en tant que petite fille par la protection dont elle aspire.

Je comprends votre désarroi lorsque vous parlez du vide dans lequel vous plonge une simple aventure.

Personnellement, je n'ai pas à vous mentir : vous êtes l'amante que je recherche.

Je n'ignore pas que cela vous paraîtra absurde que les pensées d'un homme se cristallisent sur une femme qu'il n'a pas encore vue et que la seule raison qu'il puisse arguer reste le fait d'une opposition entre les idées de vos lettres et celles d'autres femmes qui n'osent ou ne savent pas exprimer les sentiments positifs ou négatifs qui les animent.

Je ne puis contrer vos idées, ...

C'est vrai, il n'a pas pu.

A trente-six ans, sa maturité était plus grande que certains hommes de soixante ans ; mais il voulait que je vienne grossir le lot déjà grand des maîtresses, alors que j'avais besoin d'être beaucoup plus.

Les erreurs d'aiguillage

Il est arrivé que mon lutin, tout simplement, s'amuse. Avec la complicité de Mercure, il s'était arrangé pour que me parvienne la lettre d'un médecin.

L'enveloppe une fois ouverte, il avait fallu disséquer les pattes d'araignée, collées les unes aux autres, composant l'écriture de ce correspondant dont cinq lignes seulement suffisaient à couvrir la page.

J'étais arrivée à reconstituer à peu près ceci :

... votre annonce m'intéresse pour TOUT ; veuillez me téléphoner au plus vite afin que nous puissions nous rencontrer dans les plus brefs délais... ma considération distinguée...

Un peu cavalier, certes, mais les médecins, nous le savons bien, sont des gens pressés.

Pour l'obliger j'avais donc, sur-le-champ, composé son numéro.

— Allô ?

— Allô, oui (voix chevrotante et grand besoin d'une goutte d'huile sur les cordes vocales).

Quelque peu surprise, j'avais poursuivi : « J'ai bien reçu votre lettre, Monsieur et... »

— Quelle lettre, Madame, il y a erreur, pourquoi vous aurais-je écrit ?

— Mais Monsieur, vous plaisantez, j'ai en main votre réponse à mon annonce, donc...

— Ah ! oui, l'annonce, attendez, je vous passe ma femme (?!). A ce stade-là et comme vous pensez, une forte envie de rire avait supplanté ma curiosité.

— Allô, j'écoute (petite voix aigrelette, *pianississimo*).

— Bonjour Madame, je vous téléphone au sujet de l'annonce, mais...

— Ah oui ; oh ! Madame, je vous remercie d'avoir fait diligence, ce que vous nous proposez nous paraît très intéressant (!) et nous voudrions vous voir le plus tôt possible afin de conclure cette affaire de... viager !

Vive les interversions de numéros d'annonces ; celle-ci m'apprit qu'on peut avoir un fou rire d'écolière à tout âge. Celui de Madame X., les explications une fois fournies, partit comme une fusée.

Nous ne pûmes jamais articuler un au revoir : nous le gloussâmes.

Extraits de lettres en forme de pot-pourri

LE STYLE : CHARLES

J'aime l'éducation, le bon sens, le tact, l'originalité de bon goût sinon c'est un manque de classe, la femme « femme » et la gastronomie.

J'ai horreur des minettes, de la tête de veau et des tripes.

Je me permets de vous faire remarquer, avec toutes les réserves d'usage, que l'intelligence, la distinction, le manque de conformisme et la tolérance vont de paire avec l'humour, c'est pour cela que les individus qui ont le sens de l'humour se mettent souvent à dos leur entourage.

Pour les qualités demandées à votre compagnon, cela ce juge comme les veaux à la foire, C.à.D. sur pied.

Mes sentiments respectueux.

LES OPTIMISTES : CÉSAR

Permettez à un parisien distingué de répondre à votre annonce.

Le début de ma cinquantaine ne m'effraie pas, bien au contraire ! Je n'ai jamais été aussi bien dans ma peau. Heureux de vivre et intact aussi bien physiquement que moralement.

A la virilité triomphante de la trentaine qui est toujours en mon pouvoir, j'ajoute le délicat raffinement de la maturité. Ma taille est toujours la même.

Je dois vous avouer que je ne songe pas à me remarier.

... Oui, en somme, il n'a aucun problème, ce veinard et il écrit simplement pour dire que la vie est belle !

LES PARESSEUX : JEAN

J'attends un signe de votre part : Tél : ...

LES ORGUEILLEUX : FRANÇOIS

Certains savent le dire, d'autres...

J'avais renvoyé lettre et photo à un correspondant entrevu à la terrasse d'un café ; il s'était avéré gauche et primaire. De milieux différents, nous avions été mal à l'aise en face l'un de l'autre.

Je reçus ce petit mot, quelques jours plus tard :

Je m'apprêtais de vous écrire car parmis les correspondantes contractées (!), *je suis certain de faire meilleure que bon ménage avec avec une dentre vous toutes. J'ai donc mis la main sur l'âme sœur.*

Je vous renvoi la photo. Physiquement au moins vous

n'auriez pas pu dailleurs ce que je cherchais. Alors nous sommes bien daccord.

Toutes vos choses mavait agréablement touché, alors voilà mes meilleures sympathies. François.

Pour les commentaires, je compte sur vous.

LES MODESTES : JAQUOT

A l'opposé des orgueilleux, il y a les modestes.

Jaquot, lui, ne me cachait rien sur son papier à carreaux. Sa seule erreur avait consisté à ne pas bien lire mon annonce. Il me disait :

Petite fleur,(!)

Idéal : voilà la recherche après laquelle je cours. Je me présente : divorcé, ancien commerçant (petit), *maintenant employé dans une Cie d'Assurances, grande Cie, petit employé.*

J'ai ma petite maison, ma mère, mes animaux (cinq chats et deux chiens), mais tous ne me donnent que très peu.

Ma mère habite à la campagne, de famille bourgeoise, qui me distance moralement d'elle.

Votre largesse d'esprit m'excusera des confidences que je vous ai faites.

Mes revenus (environ 2500 francs par mois) me permettent un train de vie convenable sans pour cela être luxueux...

Mon espoir est en vous. Jaquot.

Evidemment, nous avions en commun la franchise et l'honnêteté, mais entre les deux pas grand chose.

Et comme on dit chez nous : A chacun sa spécialité et les vaches seront bien gardées !

LE STYLE : PIERRE

Un ami m'ayant remis une revue et étant seul, j'y ai entre autres trouver votre annonce et comme je n'aime pas l'esprit routinier et popote mais l'esprit tout court je me permet de vous adresser ces q.q. lignes et pensant être rafiné et bien élevé avec de l'humour et de l'esprit en prime.

Mais il y a tant à dire et je suis bavard mais pas trop écrivain.

De toute façon étant très gai j'espère qu'autour d'une table, le temps de faire connaissance, ce moment qui n'engage à rien ne sera pas triste.

Ah mais j'oubliais, je manque de huit centimètres pour être à votre niveau, alors ça change peut-être tout ?

Bonne chance et peut-être avec mes sentiments respectueux.

Qu'il ne m'envoie sans doute que si je veux bien de ses huit centimètres en moins...

LE STYLE : JOSÉ

... Quarante-cinq ans avec carure atlétique, élégant, affectueux, loin d'être parfait, je pense avoir pas mal de qualités phisiques et morales.

Si j'ai la chance de vous rencontrer prochainement, ce qu'il reste à souhaiter c'est que nous éprouvions un peut d'attrait phisique et dans ce cas, cela pourrait être notre jour de chance et pourquoi pas, après tout !

P.S. Veuillez excuser la mauvaise qualitée de ma lettre, mais vous conviendrez avec moi qu'il n'est pas indispensable d'être un intellectuel pour creer un foyer heureu.

... Pas toujours !

LE STYLE : EDOUARD

... Je suis célibataire, âgé de cinquante-huit ans paraissant bien plus jeune que mon âge, que l'on me dit toujours dans mon entourage, d'un teint clair, des cheveux chataim, de religion catholique très sérieux.

Je désirais fonder un mariage de sentiments basé sur une estime et un confiance réciproque, une situation ayant pour bases solides un certain milieu avec une compagne sérieuse.

Je suis d'une famille très honorable dont nous sommes deux frères, lui est marié et installé à son compte. Mon Père est décedé, Ma Mère est retraitée, elle possède des propriétés qui lui permette de vivre aisément de ses revenus dont nous en serons par la suite les héritiers avec de belles espérances. Le plus tard possible sera pour le mieux quand il faut perdre les siens c'est toujours pénible.

Madame vous serez bien aimable de me donner de plus amples détails concernant votre situation et vos gouts où je vous assure toute mon entière discretion pour m'entretenir avec vous sur ce projet afin de savoir ce que vous envisagez à l'avenir.

Dans l'attente votre agréable réponse,...

LES ÉVASIFS : ROLAND

Cet homme que vous décrivez, c'est moi.
Une féminine nordique élancée
Voilà qui est plaisant
Téléphonez-moi ;
A bientôt peut-être.

ROBERT

Selon votre annonce, je me présente.

Cinquante ans, yeux marrons sobre, je possède un automoteur modeste, je fais les transports de marchandises.

Actuellement je suis amarré à Paris pour cause que mon employé est en congé annuel.

Pour la première fois, je ne puis vous en dire davantage. De votre réponse, recevez, Madame, mes salutations empressées.

GEORGES

Je suis libre, viril, raffiné, cinquante ans, robuste, profession libéral.

Voulez-vous m'écrire ?

Avec autant de détails, vous voudriez, vous ?

LES ORIGINAUX : JEAN

Ma belle esseulée,

Voici les coordonnées de Toto, gros ours en peluche complètement seul depuis cinq ans, vivant provisoirement près d'une sœur aînée insupportable, mais marrante. Grand, beau garçon, paraît moins de cinquante ans, aime les belles de 1,75 mètre — adore ses deux chats apprivoisés — collectionneur — orgie de journaux le samedi — Ecœuré enseignement actuel — Voudrait poulotter une chérie pas trop exigente et réaliste.

Gros baisers, vœux chaleureux, mille caresses si permises.

LES VOLUBILES : ANDRÉ

Madame ou Mademoiselle,

Comme je regarde sur les revues les petites annonces sur le mariage.

Je me suis arrêtée sur le votre n° X.

D'après votre demande je pensse que vous êtes une jolie femme et j'espère avec beaucoup de cœur.

Alors vous serez très aimable de m'envoyer votre adresse complète en plus votre photo, je m'arrète pour aujourd'hui avec tous mes meilleures Amitiés, le reste pour un autre jour.

LES RESPONSABLES : RAYMOND

La description que vous faite correspond ; quand à vos gouts ils sont approximativement identique au mien. Directeur d'un cabinet de selection de personnel... je suis agé de cinquante-cinq ans pour une taille de 1,75 mètre, possède des yeux bruns et des cheveux blond ondulée.

je me permet de vous preciser que je me déplace facilement et fréquamment, que j'ai une très grande liberté d'action.

Veuillez agréer l'hommage de mes respectueux sentiments.

LE STYLE : DAVID

Je réponds que j'ai quarante-six ans, divorcé, seul sans but. J'ai une situation qui pourrait devenir excellente si je pouvait retrouvé un foyer.

Vous parlez de moi : vous dire quoi ? pure interpretation des mots, des phrases, se faire valoir ? Je suis sûr que ce qu'il compte dans l'existance c'est un foyer fait d'amour et d'amitié.

Si ma missive a comme je le crois touché votre cœur une rencontre serait nécessaire pour que nous fassion conaissance, pour que vous me parliez de vous, pour que je vous parle de moi.

Respectueuses pensées.

LES OPTIMISTES : CHARLES

Chère correspondante,

Je me permets de vous écrire maintenant, vitesse ne voulant pas dire précipitation.

Présentons-nous : d'après les dires de mon entourage, je serais distingué peut-être même légèrement austère, intelligent et possédant une bonne d'humour (... et distrait). *J'ai débuté au bas de l'échelon social, ai réussi à diriger une P.M.E. mais après des difficultés financières me suis retrouvé en faillite, de ce jour plus d'amis, plus d'amour ce qui n'a pas été une mauvaise expérience.*

LE STYLE

J'ai l'honneur de vous faire parvenir ces quelques mots de moi pour vous dire que je suis veuf (seul) et à la recherche d'une âme sœur, peut-être le hasard voudra se charger de nous mettre tous les deux ensemble.

Je suis soixante en excellente santé quoique mes cheveux déjà blanc, éducation élevé et bien cultivé, je suis un très bon et fidèle compagnon dans toutes circonstances de la vie sur lequel on peut toujours compter.

Voilà, Madame, tout en bref, pour cette première fois, si vous voulez veuillez donner une suite à cette lettre vous aurez occasion de rencontrer un homme valeureux que vous méritez sans doute.

Dans cette éventuelle attente, veuillez agréer mes sentiments.

LES CULTIVÉS : MICHEL

Mademoiselle,

J'ai retenu votre annonce et je prends la peine de vous solliciter.

Agé de trente-trois ans ; Français, bien physiquement, j'exerce la profession de traducteur. On me dit donc très cultivé. Malgré tout cela j'aime les choses simples de la vie, la nature, la cuisine diététique, la musique ; par moment je suis aussi un peu sportif.

J'aimerai rencontrer quelqu'un de gentille, de romantique et qui saura être joyeuse en même temps.

Voilà, si vous estimez que ça vaut une réponse, écrivez-moi. Votre humble serviteur.

LES SATURÉS

Chère Madame,

Saturé — trop de courrier. J'abandonne cette voie. Je vous trouve enviable-adorable — Très cordialement.

… Alors pourquoi a-t-il fait passer une annonce ? Peut-être est-il de ceux qui se contentent de contempler une vitrine sans oser venir voir ce qu'il y a derrière ?

LES ÉROTIQUES : ARMAND

Madame,

Votre lettre sympathique m'incite à vous répondre. Je vais le faire très franchement et je m'excuse à l'avance si je vous offusque.

Je désire rencontrer une femme qui soit, comme moi, très sensuelle, ardente au plaisir, voluptueuse et sachant apprécier l'érotisme et de longs plaisirs partagés.

J'ai soixante et un ans, bon physique, mais hélas, plus viril ; par contre, je suis passionnément caressant, ma bouche est très gourmande et j'aime donner du plaisir et satisfaire tous les goûts de ma partenaire !

N'étant pas jaloux, je ne suis pas exclusif ; par ailleurs, je suis un homme de bonne compagnie, aimable, discret et affectueux.

Ne travaillant qu'à mi-temps, je dispose de l'après-midi ; je suis libre, mais je tiens à mon indépendance. Aurai-je la chance d'une réponse favorable ?

Au fond, il faudrait lui fiche la paix et saluer dans la joie son manque de virilité ! !

Je vous le passe.

Mais alors, que faut-il écrire ?

La vérité.

Achevé d'imprimer le 30 janvier 1979
sur presse CAMERON
dans les ateliers de la S.E.P.C.
à Saint-Amand-Montrond (Cher)
pour le compte des éditions Tchou
2, rue du Pont-Neuf, 75001 Paris

N° d'Édition : 645. N° d'Impression : 2158-996.
Dépôt légal : 1er trimestre 1979.

Imprimé en France

39.00